GÉNÉALOGIE HISTORIQUE

DE LA MAISON

POIGNAND
de la Salinière du Fontenioux
de Lorgère

PAR

HENRI DE LA VILLE DU BOST
HOMME DE LETTRES

POITIERS
SOCIÉTÉ FRANÇAISE D'IMPRIMERIE ET DE LIBRAIRIE
4, Rue de l'Éperon, 4

1902

GÉNÉALOGIE HISTORIQUE

DE LA MAISON

POIGNAND

de la Salinière du Fontenioux de Lorgère

GÉNÉALOGIE HISTORIQUE

DE LA MAISON

POIGNAND

de la Salinière du Fontenioux de Lorgère

PAR

Henri de la VILLE du BOST
HOMME DE LETTRES

POITIERS

SOCIÉTÉ FRANÇAISE D'IMPRIMERIE ET DE LIBRAIRIE
4, Rue de l'Éperon, 4
—
1902

EXPOSÉ

Le nom de cette noble maison se rencontre à une époque reculée dans d'importants documents historiques.

Celui de Pierre Poignant, chevalier, seigneur de Mousson, d'après Blanchard ou de Moussy suivant Dom Vaissette, brille entre tous du plus vif éclat aux temps troublés des guerres de Louis XI et de Charles le Téméraire, duc de Bourgogne.

Selon les deux auteurs, il était maître des Requestes ordinaires du Roy.

Au nom du Prince, il fut envoyé deux fois en Languedoc.

La première, en mai 1467, pour signifier au Parlement de Toulouse les lettres de sa suppression et de son transfert à Montpellier à l'installation duquel il assista, le 8 décembre de cette même année (*Histoire du Languedoc*, par Dom Vaissette, XI, 675).

La seconde, le 20 mai 1471, avec Adam Fumée également maître des Requêtes, au moment critique, on peut dire désespéré pour la Couronne et le Royaume, où il fallait imposer au Languedoc des subsides indispensables pour tenter un dernier effort contre le duc de Bourgogne qui « tendoit à le destruire et à deffaire la maison de France ». (Titre du chartrier de la Salinière que nous donnons *in extenso* à la fin de cet ouvrage.) Blanchard, dans son livre: *Généalogie des maistres des Requestes de l'Hostel du Roy, 1670*, fonds français 32.514, croit Pierre Poignant fils de Jacques Poignant, vicomte d'Orbec et de Pont-Audemer, anobli, en 1440, et lui donne pour armes: « *d'argent au chevron de sable accompagné de trois mascles de même.* »

Il cite encore un autre Pierre Poignant, sr d'Athis, maistre des Requestes ordinaires, le 16 mars 1484; ledit fils de Guillaume Poignant et lui donne pour armes: « *d'argent au chevron de sable accompagné de trois macles de même au chef d'or chargé d'un lion léopardé de gueules* » (*Ibidem*, p. 216).

Enfin, il mentionne encore un Pierre Poignant conseiller au Parlement, le 20 mars 1477, fils de Pilippe Poignant, chancelier du Roy de Navarre, et de Jeanne de Monteney, petit-fils de Roland Poignant, Bailly de Nogent-le-Rotrou (*Ibidem*, 32.515).

A la même époque, un autre Pierre Poignand abandonna la Guyenne, son lieu d'origine, pour venir s'établir en Gâtine. C'est à ce dernier que remonte, en filiation suivie, la généalogie de la Maison Poignand de la Salinière, du Fontenioux et de Lorgère.

Le mariage dudit Pierre Poignand avec Françoise Thomais, petite-fille, en ligne maternelle, de Jean Emery (Hémery), écuyer, et de Valentine Girardine, dame de la Truitière, fixa ses descendants à Parthenay.

Ces derniers, à l'exemple des de la Trimoïlle de Clervaux, des Aymer, des des Francs, pour ne parler que de quelques gentilshommes mentionnés par Lièvre dans son *Histoire des Protestants du Poitou*, embrassèrent la Réforme.

Aussi, après l'abandon de la religion de leurs pères, se virent-ils, comme tant d'autres, tenus éloignés jusqu'à leurs conversions, des places élevées du royaume et eurent-ils à endurer les rigueurs des guerres religieuses.

Au moment de la Révocation de l'Edit de Nantes, ceux qui préférèrent l'exil à l'abjuration, tels que Samuel Poignand de la Porte et le seigneur de Séguinière, son frère, se retirèrent en Irlande, à Dublin (1682-1691), — ainsi qu'il résulte de leurs intéressantes lettres, extraites du *Bulletin de la Statistique des Deux-Sèvres*. (III, 110 et suiv.)

Ils y établirent, avec le concours de trois cent cinquante réfugiés, une riche colonie.

Mais revenons à la branche Poignand de la Truitière qui se fit un devoir et un honneur de rester, avant tout, fidèle à la Patrie.

Un de ses enfants, Jacques Poignand, s^r de Puymarie, en abjurant, en 1686, ses erreurs pour revenir à la vérité, renoua pour lui et sa postérité la chaîne, longtemps interrompue, des brillantes destinées de sa famille.

En retour, l'église de Saint-Laurent de Parthenay ouvrit ses portes aux baptêmes de ses enfants, et celle de Saint-Pardoux garda pieusement son tombeau, en 1709. Enfin, comme gage précieux et touchant de conversion, son unique fille, Louise Poignand, quitta le monde, prit le voile et devint religieuse de l'Union Chrétienne de Parthenay.

La Royauté, de son côté, ne fut pas moins reconnaissante.

Louis XIV nomma Jacques Poignand, s' de Puymarie, qui était déjà avocat en Parlement et à Parthenay, substitut de ses avocats et procureur audit bailliage.

Mais là ne s'arrêtèrent pas les hautes faveurs royales; elles s'étendirent jusqu'à sa postérité.

Jean Poignand, sieur de la Resnière, son fils, devint lieutenant général du duché de la Meilleraye; Jean-Jacques Poignand, écuyer, seigneur de la Salinière, fut conseiller du roi, son secrétaire, gentilhomme de sa fauconnerie.

Ce dernier, par son mariage, en date du 22 novembre 1749, avec Jeanne-Marie-Françoise de la Court du Fontenioux, transmit le nom de cette grande terre à son fils puîné, René-Paul, écuyer, nom qu'il porta, sur la volonté de sa mère, dès 1767, et qu'il a légué à ses descendants. MM. Gustave et Alfred Poignand du Fontenioux en sont, de nos jours, les chefs et représentants.

Jean-Baptiste, écuyer, fils aîné dudit seigneur de la Salinière et de dame Jeanne-Marie-Françoise de la Court du Fontenioux, continua, en cette qualité, de porter le nom de la Salinière, non moins belle terre, dont il hérita, et qui était entrée dans la famille par le mariage de son aïeul paternel avec Marguerite Augron de la Salinière, le 23 janvier 1714.

M. Conrad Poignand de la Salinière, résidant au

château de la Salinière, commune de Saint-Pardoux (Deux-Sèvres) est, actuellement, le chef du nom et des armes de sa maison.

Les Poignand de la Salinière et du Fontenioux ont fait de grandes alliances dont se détachent, pour ne parler que de celles antérieures à la Révolution :

Les Chappelain, écuyers, seigneurs de Perdondalle dont est issu, par le mariage de Jeanne Chappelain (sœur d'Anne, épouse de Jean Poignand, s^r de la Truitière) avec Raoul de la Porte, le célèbre cardinal de Richelieu ;

Les de Pont-Jarno, écuyers, qui ont fourni un maire de Poitiers, des magistrats au Présidial, un grand Bailly de Gastine ;

Les Augron de la Salinière dont la noble origine remonte, en Bretagne, aux temps les plus reculés ;

Les de la Court du Fontenioux et de Tennesue, chevaliers, depuis la guerre de Cent Ans, à laquelle ils prirent une part considérable ;

Les de la Porte de Vezin, de la Rembourgère, écuyers, de la plus vieille noblesse d'Anjou ;

Les Brunet de Sérigné, écuyers, qu'une tradition fait sortir du Périgord et descendre d'Adhémar Brunet de Bergerac, anobli par Philippe VI, en 1338 ;

Les des Francs, écuyers, de noblesse féodale et historique, remontant à Hugues des Francs, chevalier, compagnon d'armes d'Alphonse, comte de Poitiers, frère de saint Louis, qui assista avec lui à la prise de Damiette, en 1249.

Il importe encore de remarquer que la famille Poignand a possédé de nombreuses seigneuries.

Nous ne donnons que celles dont ses branches ont pris les noms ainsi qu'il en était l'usage :

La Truitière, paroisse de Vouhé ; la Grève ou Puymarie, paroisse du Tallud ; la Resnière et la Salinière, paroisse de Saint-Pardoux ; le Fontenioux, paroisse de Vernou ; la Proustière, paroisse de Saint-Pardoux ; le Plessis-Viet, paroisse de Pompaire ; Laudouinière, paroisse d'Allonne ; la Berthelière, paroisse de Saint-Aubin-le-Cloux ; la Courlaire, paroisse de Neuvy-Bouïn ; la Séguinière, paroisse de Secondigny, et Lorgère, paroisse de la Chapelle-Bertrand.

La branche de Lorgère, issue de celles de la Proustière, de Laudouinière et de la Courlaire s'est éteinte, le 31 mars 1879, dans la personne de Louise-Marie Poignand de Lorgère, épouse du marquis Alphonse d'Aubéry.

Elle a donné :

A Poitiers : un maire, Jean Poignand de Lorgère, écuyer, lieutenant général de Parthenay, puis lieutenant particulier du Présidial, 1712-1734 ;

A l'Eglise : Gabrielle et Geneviève Poignand de Lorgère, religieuses Ursulines, 1735 ; Jean Poignand, écuyer, s^{gr} de Lorgère, curé doyen du chapitre de sainte Croix de Parthenay (1789) ;

A l'armée : Louis Poignand, écuyer, seigneur des Grois, capitaine au régiment de Touraine, chevalier de saint Louis, 1726 ; Hubert Poignand, écuyer, s^{gr} de

Lorgère, officier au régiment Médoc infanterie, 1794 ;

Alliances : Esperon de Beauregard, Irland de la Salvagère, de Sauzay, de Leffe de Noue.

Les trois branches de la Salinière, du Fontenioux et de Lorgère sont représentées au ban de la noblesse, en 1789.

« Paul Poignand du Fontenioux, écuyer, s^{gr} de Saint
« Denis, les Bazillières :

« Jean-Baptiste Poignand, chevalier, s^{gr} de la Sali-
« nière ;

« Hubert Poignand, s^{gr} de Lorgère, chevalier de Lor-
« gère ».

(V. *Armorial de la noblesse.* A. de la Porte.)

. . . .

« *D'argent au lion degueules.* » (Ibidem.)
Telles étaient leurs armes en 1789.

ARMES

« Ecartelé au premier et quatrième d'argent, au lion
« rampant de gueules, armé et lampassé de même (qui
« est Poignand) ; au second et troisième de sinople à la
« bande d'or chargée, en haut, d'un porc-épic de sable »
(qui est de la Court du Fontenioux). — (*Armoriaux* et
Thibeaudeau).

En souvenir de leur alliance avec les de la Court, les
familles Poignand de la Salinière et du Fontenioux
ont, d'un commun accord, décidé d'écarteler leurs armes
avec celles de cette très ancienne maison dont ils
descendent, qu'ils représentent et dont une des branches, depuis 1767, perpétue, régulièrement, le nom du
Fontenioux.

C'est pour ces raisons, auxquelles il y a lieu d'ajouter
l'extinction de la branche Poignand de Lorgère, que
leurs armoiries ont été ainsi modifiées.

Nota. — D'après l'argenterie, les cachets et les meubles armoriés conservés dans la famille de la Salinière
du Fontenioux, il résulte que leur ascendant, Jean-
Jacques Poignand de la Salinière, lors de son mariage
avec Jeanne-Marie-Françoise de la Court du Fontenioux,
avait pris pour armes :

« *De gueules au porc-épic de sable* » (qui est de la
Court).

DEVISE

« *Ad nullius pavebit occursum.* »
Il ne redoutera l'attaque de personne.

NOMS ISOLÉS [1]

POUGNANT (Jacques), vicomte de Pourtancou (Pourtancourt), 3 décembre 1405, reçoit quittance de Jean de Fréville (chartrier de la Salinière).

POUGNANT (Jean) figure à Blois, 25 avril 1444, mandataire de Jeanne de Chalon, comtesse de Tonnerre (*ibidem*).

POIGNANT (Jourdain), gouverneur commandant du château de Viviers. (Lettres de Henri III et de Marie de Médicis (1576-1577), Chartrier du Fontenioux, notes.)

POIGNAND (N.), capitaine décoré des ordres du roi, mort à Château-Thierry chez son ami, le fabuliste, Jean de la Fontaine (*ibidem*).

POIGNAND (Louis-Etienne) de Pamproux, passa, en Angleterre, après la révocation de l'Edit de Nantes;

---

[1]. Ces noms sont extraits des riches archives et des notes de MM. Alfred du Fontenioux et Conrad de la Salinière qui ont bien voulu nous les communiquer avec la plus aimable obligeance. Ils nous ont été très utiles; ils servent, en grande partie, de bases à la généalogie dont nous donnons plus loin la filiation suivie.

il fut nommé médecin en chef de la Reine et de l'Hôpital de Windsor où il mourut (*ibidem*).

POIGNAND (Joseph), capitaine domicilié à Pugny, dans la division de Cerizay, a fait avec Pierre Poignand, également capitaine, la campagne de Vendée.

(Drochon, t. V, 130).

FILIATION SUIVIE

I. POIGNAND (Pierre) « venu de Guienne [1] » vivant dans la seconde moitié du xv⁰ siècle, épousa Françoise, fille de Jean Thomais et de Guillemette Emery, fille de Jehan Emery, écuyer, et de Valentine Girardine, dame de la Truitière, paroisse de Vouhé, en Gâtine, « tous deux nobles » [2].

Dont :

Jacques, qui suit ;

II. POIGNAND (Jacques). A l'exemple d'une grande partie de la noblesse, il dut embrasser le parti de la Réforme.

Il épousa Marguerite Saulnier [3]. Cette dernière était veuve d'un Giraud [4], dont elle avait eu, entre autres enfants, une fille « mariée avec un Tutault d'où sont venus les seigneurs de la Creuse et autres » [5].

---

1. Chartrier du Fontenioux, dossier B. — Mémoires généalogiques manuscrits du xviii⁰ siècle.
2. Ibidem.
3. 4. 5. Chartrier du Fontenioux, dossier B., Mémoires généalogiques manuscrits du xviii⁰ siècle.

Guillaume Saulnier, en 1546 [1], expia, dans les prisons de Poitiers, ses convictions protestantes.

Jacques Poignand, en 1527 [2], 1532 [3], rendit aveu pour des terres qu'il possédait au village de Congolois, paroisse de Cherveux.

Il était mort, le 8 septembre 1560 [4], ainsi qu'il résulte de l'acte de partage de ses biens, fait entre ses enfants, et auquel présida François Fumé, conseiller au Présidial de Poitiers.

Dont :

1. Jean, qui suit ;

2. Nicolle ou Nicolas, seigneur de la Touche au Ry, de Viennay, paroisse dudit nom.

Par le partage, de 1560 [5], il eut l'hôtel noble de la Touche au Ry, la métairie de la Pouponnière avec une maison, sise à Parthenay « en la rhue de « la teste du cheval ».

Comme seigneur de Viennay, — terre acquise, en 1547 [6], par Nicolas Berthon, procureur fiscal de Parthenay, son beau père, — Jacques, fut titulaire de la

---

1. Lièvre, *Histoire des Protestants du Poitou*, I, 45.
2. 3. Chartrier de la Salinière, terres, Congolois.
4. Chartrier du Fontenioux, D. C.
5. Chartrier du Fontenioux, D. B. Mém. généal. mss du xviiie siècle, et D. C.
6. Ledain *la Gâtine*, Essai sur la hiérarchie féodale, 38.

chapelle « fondée en l'honneur de Sainct-Nicollas en « la vallée de Sainct Jacques de Parthenay ». Il pourvut, le 28 février 1561 [1], à la nomination de Jehan Poignand, clerc du diocèse de Poitiers, comme chapelain.

Il vivait encore, en 1576 [2] ; il épousa Jehanne Berthon fille de Nicolas, procureur fiscal de Parthenay (1528-1536) [3] et seigneur de la Touche au Ry.

Nicolas était mort en 1596 [4].

Dont :

a. Catherine, mariée à Jacques Pineau, sr de la Vesrie [5], avocat à Parthenay.

b. Autre Catherine, mariée à M. Princhard de Poutor ;

c. Renée, mariée à Guy Picault, sr de la Razillière [7], procureur à Parthenay ; morte audit lieu, le 14 novembre 1641 : « inhumée dans

---

1. Poitiers, Etude Grassin, minute de Chaigneau et de Chauveau.
2. Chartrier du Fontenioux, terres, bois Eschallard.
3. Ledain, *la Gâtine*, appendices, 3.
4. Chartrier de la Salinière, terres, Touche au Ry.
5. Chartrier du Fontenioux, D. B., Mém. généal. mss du xviiie siècle.
6. *Ibidem.*
7. *Ibidem.*

« la chapelle de **Lorette** en l'église des **Pères**
« **Cordelliers** [1] ».

3. Jacques, chef de la branche du **Plessis-Viet** ;
v. page 53.

4. François, chef de la branche de la **Proustière**
dont sont issus les rameaux de **Laudouinière, la
Courlaire, Lorgère** ; v. p. 55.

5. Catherine.

Par le partage de 1560 [2], elle eut la métairie du
Grand Boys, paroisse Saint-Aubin-le-Cloux, des
rentes paroisse de Vouhé, des maisons, jardins à
Parthenay, près le Sépulcre ; vivante en 1589 [3].

Elle épousa Adrien Pineau, sr de la Percherie et
de Viennay, lieutenant particulier de Parthenay
(1617-1623) [4].

6. Marguerite.

Par le partage de 1560 [5], elle eut le lieu noble de
la Bazouynière, paroisse de Saint-Pardoux, le
bois Eschallard, paroisse de Beaulieu.

Elle épousa François du Vignaud ; morte sans

---

1. Parthenay, Etat civil ancien, St-Laurent.
2. Chartrier du Fontenioux, D. C.
3. Parthenay, Etat civil ancien, Saint-Laurent.
4. Ledain, *la Gâtine*, appendices, 3.
5. Chartrier du Fontenioux, D. C.

hoirs [1] ; ses biens furent partagés entre Jacques Poignand de la Truitière, son neveu, et ses oncles.

7. **Marie.**

Par le partage de 1560 [2], elle eut la métairie de la Chauvinière, paroisse de Pompaire, des maisons à Parthenay, sises paroisse de Notre-Dame.

Elle épousa Jacques Bouchereau [3].

III. **POIGNAND** (Jean), sr de la Truitière. Par le partage de 1560 [4], il hérita « comme fils aisné de l'houstel « et lieu de la Truytère, de son estang et dépen- « dances » ; de plus, de rentes au Congolois, venues des successions de Pierre et Michelle Bellyon, ses oncle et aïeule, en ligne maternelle ; de la moitié de la Bizonnière, paroisse de la Peyratte ; de rentes, paroisse de Chilloux ; de vignes et maisons à Saint-Maixent.

Il épousa Anne, fille de François Chappelain, écuyer, lieutenant général et chef du bailliage de Gâtine et Mervant, Vouvant (1514-1535) [5] et de Jeanne Jarno [6].

Par cette alliance, Jean devint beau-frère d'Olivier Chappelain, écuyer, seigneur de Perdondalle (aujour-

---

1. Chartrier du Fontenioux, D. B., Mém. généal. mss du xviiie s.
2. *Ibidem.* D. C.
3. *Ibidem.* Mém. généal. mss du xviiie s, D. B.
4. Chartrier du Fontenioux, D. B. Mém. généal. mss. du xviiie s.
5. Ledain., *la Gâtine*, appendices, 2, et *Histoire de Parthenay*, 389.
6. Chartrier du Fontenioux, D. B. Mém. généal. mss du xviiie s.

d'hui Challandeau), qui fut un des cent gentilshommes du Roi, et de Jeanne Chappelain, mariée à Raoul de la Porte, et de ce chef fut grand-oncle du grand cardinal Armand du Plessis, duc de Richelieu [1].

Jean Poignand, s^r de la Truitière, était mort en 1593 [2].

Dont :

1. Jean, avocat, mort sans hoirs ; s^r de Puymarie ou la Grève, paroisse du Tallud ;

2. Jacques, qui suit ;

3. Marguerite, mariée à Nicolas Sorin [3], vivante en 1592 [4] ;

4. Françoise [5], mariée à Nicolas Sabourin, receveur du roi, en l'Election de Parthenay, vivante en 1592 [6] ;

5. Autre Marguerite [7], mariée à Florentin Olivier, vivante en 1592 [8] ;

Jacques Olivier, s^r de Viennay, assiste au ban du Poitou, en 1533 [9].

---

1. Chartrier du Fontenioux, D. B. Mém. généal. mss du xviiie s.
2. Chartrier du Fontenioux, terres, Truitière (la).
3. 5. 7. Chartrier du Fontenioux, D. B. Mémoires généalogiques mss du xviiie s.
4. 6. 8. Chartrier de la Salinière, terres, Congolois.
9. Poitiers, Bibl. de la Ville, *Roolle des Bans du Poictou*, par de Savezay, p. 92.

6. **Marie** [1], mariée à Joseph Faureau, vivante en 1592 [2] ;

7. **Suzanne** [3], mariée à Jonas Chaigneau, ministre protestant à Saint-Maixent ; vivante en 1592 [4].

IV. POIGNAND (Jacques), s^r de la Truitière. — Terre dont il hérita à la mort de son père et de son oncle, Jean Poignand, et pour laquelle il rendit aveu, en 1593 [5], à Louis de Lousme, s^{gr} de Saint-Germain, chevalier de l'ordre du Roi.

Le 18 juillet de cette dite année [6], il quitta Parthenay pour venir se fixer à Saint-Maixent, où il épousa, le 18 juillet 1593 [7], Jeanne Miget, comme lui protestante, fille d'Antoine, receveur des Tailles et de Marie Pelletier [8]. Sa vie semble avoir été troublée par les guerres religieuses ; malgré le généreux concours de ses beaux-parents, il ne put garder son antique patrimoine de la Truitière, dont la vente fut décidée et la criée fut mise « à la porte dudit hébergement » le 1er juillet 1600 [9]. En 1636 [10], il habitait Parthenay.

---

1. 3. Chartrier du Fontenioux, D. B. Mémoires généalogiques mss du xviiie s.
2. 4. Chartrier de la Salinière, terres, Congolois.
5. Chartrier du Fontenioux, terres, Truitière (la).
6 et 7. Niort, Archives départ., registres protestants, série E.
8. Chartrier du Fontenioux, D. B. Mém. généal. mss. xviiie s.
8 et 9. Chartrier de la Salinière, terres, Truitière (la).
10. Chartrier du Fontenioux, D. E.

Dont :

1. Jean, qui suit.

2. Jeanne.

V. POIGNAND (JEAN). Il profita, sans doute, de l'apaisement qui se produisit dans les esprits pour retourner à Parthenay, berceau de sa famille.

Jean y habitait dès 1640 [1].

Le 28 avril, dite année [2], il rendit aveu pour sa maison, sise dite ville, paroisse du sépulcre.

Le 2 avril 1649 [3], il acheta la maison du PONT et autres immeubles appartenant à sa cousine Eléonore Poignand, veuve de David Chaigneau, écuyer, sgr de Thoiré, lieutenant du Prévot des connétables et maréchaux de France, en Poitou.

Jean avait épousé Marie Bourceau [4].

Dont :

1. Jacques, qui suit ;

2. David, marié à Suzanne Cimetière [5] ;

---

1. 2. Chartrier du Fontenioux, terres, Parthenay.
3. Chartrier de la Salinière, terres, Parthenay.
4. Chartrier du Fontenioux, D. B. Mém. gén. mss, xviii° s. et autres pièces.
5. *Ibidem.*

3. Jean, sr de la Grève, marié le 18 mars 1698 à Françoise Bruneau, sans hoirs.

4. Jeanne [1], mariée à Nicolas Bruneau;

5. Marie [2], mariée à Pierre Ochier;

6. Jeanne [3], mariée le 18 mars 1653 [4], à Pierre Frère, sr de la Pommeraye de Véré; testa, le 26 novembre 1678 [5], en faveur de ses neveux et nièces. Morte sans enfants.

VI. POIGNAND (Jacques). Il habita d'abord Parthenay « proche le pont Saint-Paul, paroisse du Sépulcre », puis, la Grève (ou Puymarie) qu'il avait achetée, le 30 juillet 1669 [6], de Madeleine Escottière, veuve de Pierre de Villiers; il y vivait encore en 1679 [7].

Jacques avait épousé Marie Ochier [8], famille également protestante de Saint-Maixent [9].

Dont :

1. Jacques, qui suit;

2. Jean, sr de la Grève, y demeurant; marié, le

1, 2, 3. Chartrier du Fontenioux, D. B. Mémoires généalogiques manuscrits du xviiie siècle.
4. Chartrier du Fontenioux, familles, dossier Frère.
5. *Ibidem.*
6. Chartrier de la Salinière, terres, Grève (la).
7. Chartrier du Fontenioux, D. Hs.
8. *Ibidem.* D. B. Mém. généal. mss du xviiie s.
9. Niort, arch. dép., rég. protestants, série E.

18 mars 1698 [1], à Françoise fille de Jacques Bruneau et de Marie Texier.

VII. POIGNAND (Jacques), s' de Puymarie, avocat au parlement et au siège royal de Parthenay.

Il habitait la Grève, avec son père, lorsqu'il épousa, le 7 novembre 1679 [2], Suzanne, fille de Jean Sibilleau, seigneur de Rochebœuf et de Boisbaudran, et de Prudence Faucereau, demeurant au château de Glenay, paroisse dudit lieu.

Entre autres biens, Suzanne reçut le lieu de Rochebœuf, sis au bourg de Noizé [3].

Jacques était protestant; toutefois, il n'hésita pas à ouvrir les yeux à la vérité et à suivre le grand mouvement qui porta la noblesse du Poitou à la conversion, lors de la trop célèbre révocation de l'Edit de Nantes.

Le 9 janvier 1686 [4] fut pour lui le jour inoubliable de son retour à la religion catholique, apostolique et romaine.

Il vint alors de Parthenay à Poitiers pour abjurer « dans l'église Notre-Dame l'ancienne et pour renon- « cer, et ses trois enfans, au-dessous de cinq ans, à « toutes les erreurs et hérésies qu'elle a condamnées ».

Désormais réconcilié avec l'Eglise catholique, il l'était, par le fait, avec la Royauté.

---

1. Chartrier du Fontenioux, D. H⁰.
2. Chartrier du Fontenioux, dossier H ².
3. *Ibidem.*
4. *Ibidem.*

De Sénéchal, de la seigneurie de Challandeau, Louis XIV le créa son conseiller et substitut de ses avocat et procureur à Parthenay, vers 1701 [1].

Le 21 mai 1702 [2], il acheta de René Frère, sr de la Pommeraye, le lieu de la grande Resnière.

Le 2 octobre 1705 [3], il était devenu acquéreur de la Bousle, autrement appelé le Fonteniéux.

Ces terres dépendaient de la paroisse de Saint-Pardoux.

Jacques habitait encore, en 1709 [4], Parthenay [5]. La mort le surprit, le 4 janvier de cette dite année, dans son château de la Resnière. Il fut inhumé dans l'église même de Saint-Pardoux [6].

Dont :

1. Jean, qui suit ;

2. Philippe, né vers 1684 [6], mort le 24 mai 1695 [7], inhumé dans l'église Saint-Laurent de Parthenay.

3. Louise, prit le voile et fut religieuse de l'Union chrétienne de Parthenay, 1760 [8].

VIII. POIGNAND (Jean), seigneur de la Res-

---

1. Chartrier de la Salinière.
2. *Ibidem*, terres, Resnière (la).
3. *Ibidem*, terres, Bousle (la).
4. 5. *Ibidem*, dossier H.
6. 7. Parthenay, état civil ancien, St-Laurent.
8 Chartrier de la Salinière, dossier I.

nière, avocat en parlement, conseiller du roi à Parthenay, sénéchal de Perray, 1709 ¹, procureur ducal, 1714 ² ; lieutenant général du duché de la Meilleraye, 1723-1744 ³.

Né vers 1684 ⁴, il épousa, le 23 janvier 1714 ⁵, Marguerite, fille de Jacques Antoine Augron, sʳ du Fontenioux et de la Salinière, conseiller du roi, subdélégué de l'intendant à Parthenay, et de Marguerite Olivier.

Par cette alliance, la terre et le château de la Salinière entrèrent dans la famille Poignand de la Salinière où ils sont restés jusqu'à nos jours. Il importe de remarquer que le Fontenioux précité, autrement appelé la Bousle, est de la paroisse de Saint-Pardoux et n'a rien de commun avec le Fontenioux, seigneurie des de la Court, situé paroisse de Vernou.

Les Augron, aujourd'hui éteints, sont sortis de Bretagne ; la branche du Poitou a donné un maire et des magistrats au présidial de Poitiers.

Marguerite Augron mourut en donnant le jour à son fils, le 13 janvier 1715 ⁶. On eût dit qu'elle pressentait ce malheur, car, dès le 27 novembre 1714 ⁷, elle prit ses

---

1. Chartrier de la Salinière, D. I.
2. Parthenay, Et. civ. anc., St-Laurent.
3. { Ledain, *la Gâtine*, appendices, page 3.
   { Chartrier de la Salinière, terres, Rénéamère (la).
4. Parthenay, Et. civ. anc., St-Laurent ; Chartr. de la Salinière, D. I.
5. *Ibidem*.
6. Parthenay, Etat civil ancien, Saint-Laurent.
7. Chartrier du Fontenioux, familles, dossier Augron.

dispositions testamentaires ; on l'inhuma, selon son désir, « dans l'église Saint-Laurent de Parthenay ».

Jean Poignand de la Resnière trouva, après une aussi cruelle séparation, une utile diversion, non seulement dans ses travaux judiciaires, mais encore dans ses occupations agricoles.

Le 12 janvier 1751[1], il arrente à dame Renée de la Couture Renom, veuve de Louis Chantreau, écuyer, s^{gr} du Coustault demeurant à la Vouzallière, paroisse de Saint-Pardoux, un pré dépendant de la Resnière.

En 1758[2], à la suite de plusieurs acquisitions, il est dit seul Seigneur des Touches, de Saint-Pardoux, comme l'attestent les aveux qui lui sont rendus, en cette qualité.

Les 11 novembre 1762[3] et le 28 octobre 1763[4] il reçoit les aveux pour ses seigneuries des Corollois, paroisse Saint-Pardoux, et de la Séguinière, paroisse de Secondigny.

Le 1er juin 1763[5], sur le conseil et l'arbitrage de M. Filleau, conseiller du roi honoraire, et son ancien avocat au présidial de Poitiers, il passe une transaction avec René Giboreau, chevalier, seigneur de la Rousselière, au sujet du fief Russeil[6].

---

1. Chartrier de la Salinière, terres, Vouzallière (la).
2. *Ibidem*, terres, Touches (les).
3. Chartrier de la Salinière, terres, Corollois (les).
4. *Ibidem*, terres, Séguinière (la).
5. *Ibidem*, terres, fief Russeil.
6. Parthenay, Etat civil ancien, Saint-Laurent.

Jean mourut à Parthenay, le 8 janvier 1767, âgé de quatre-vingt-cinq ans ; son corps fut inhumé près de celui de sa femme « dans l'église Saint-Laurent, sa
« paroisse. Ont assisté à ses funérailles (porte l'acte de
« décès) messire Jean Baptiste de la Salinière, messire
« Charles Michel du Magny et messire Paul du Fonte-
« nioux, ses petits-fils, avec toute la noblesse, et mes-
« sieurs les officiers municipaux de la ville également
« que M. le Maire et ses échevins, aussi bien que plu-
« sieurs autres parents et amis. — Mousset, chanoine et
« vicaire de Saint-Laurent [1]. »

Dont :

Jean-Jacques, qui suit ;

IX. POIGNAND (JEAN-JACQUES), écuyer, seigneur des Caquinières, 1728 [2] ; de la SALINIÈRE et autres lieux ; gentilhomme de la grande fauconnerie du Roi.

Né à PARTHENAY, le 12 janvier 1715 [3] ; après de bonnes études, il soutint sa thèse de philosophie, en 1733 [4], qu'il dédia à son cousin, « JACQUES PINEAU, seigneur
« de VIENNAY, écuyer, avocat en parlement de Paris », issu de CATHERINE POIGNAND.

Au frontispice de la gravure, se détachent les armes

---

1. Parthenay, Etat civil ancien, Saint-Laurent.
2. Chartrier du Fontenioux, terres, Rénéamère (la).
3. Chartrier de la Salinière, D. J.
4. *Ibidem.*

dudit PINEAU : « *de sinople à trois pommes de pin
« d'argent, deux en chef, et une en pointe* ».

Les 22, 25 novembre 1749 [1], par contrat et acte de mariage, il épousa Jeanne-Marie-Françoise, fille de François de la Court, chevalier, seigneur du Fontenioux (de Vernou) et de Catherine de la Porte.

Dans l'apport de la future : la moitié de la métairie du Magnil, paroisse de Cluzay ; une rente due par M. de la Rochebrochard sur la terre du Fontenioux.

Nous donnons, en appendice, la généalogie de l'illustre maison de la Court du Fontenioux dont, sur la volonté expresse de sa mère, Paul-René Poignand du Fontenioux et sa postérité ont porté le nom jusqu'à nos jours.

La maison de la Porte de Vezin, originaire d'Anjou, est d'égale noblesse.

Au nombre des preux chevaliers, qui reposent dans la chapelle des Cordeliers de Poitiers, tués à la bataille de 1356 [2], figure : « Messire Bertrand de la Porte [3] ».

On peut citer, au ban de la noblesse, en 1467 [4] : Jean de la Porte, au nom d'Ithier, son père.

Enfin, pour ne parler que des beaux-frères et cousins de Jeanne-Marie-Françoise de la Court, qui assistent à son mariage, il nous faut mentionner : Charles-Joseph de la Porte de Vezin, chevalier, seigneur de la Rembour-

---

1. Chartier de la Salinière D. J. et Parthenay, Etat civil ancien, Saint-Laurent.
2. 3. Poitiers, Bibliothèque de la Ville, Dom. Fonteneau, t. 67, p. 330.
4. Ibidem, *Roolles des Bans du Poictou*, par de Savezay, p. 31.

gère; René-Paul de la Porte de Vezin, chevalier, seigneur de la Boninière, Honoré de la Porte de Vezin, chevalier, lieutenant de grenadiers au régiment de Lyonnois infanterie, ses cousins.

Mais, revenons à Jean-Jacques Poignand de la Salinière.

Par lettres, du 2 décembre 1774[1], du marquis de Miromesnil, garde des sceaux de France, il fit sa protestation de serment pour l'office qu'il venait de recevoir de conseiller secrétaire du Roi, en la chancellerie, établie à Colmar.

Il mourut, à Parthenay, le 19 septembre 1784[2]; à ses funérailles assistèrent : « Messire Jean-Baptiste Poignand « de la Salinière, son fils, dame Céleste Brunet de « Sérigné, sa bru, messire Paul-René Poignand du « Fontenioux, son fils, Louise-Rose des Francs, sa bru « et autres. »

Par testament du 21 novembre 1778[3], il avait assuré à Jean, son fils aîné, « la maison de la Salinière et les « métairies de la Simardière, la Bousle, la Resnière, la « Sygogne, Lorignière, le tout situé paroisse de Saint-« Pardoux ».

Dont :

1° **Jean**, qui suit ;

---

1. Chartrier de la Salinière, dossier J.
2. Parthenay, Etat civil ancien, Saint-Laurent.
3. Chartrier de la Salinière, dossier J.

2° Charles-Michel, seigneur du Magny, écuyer, né le 24 mai 1752 [1]; il entra dans l'armée, fut gendarme de la Garde ordinaire du roi, en 1772 [2]; officier de dragons, en 1777 [3].

Il épousa, le 31 décembre 1778 [4], Marie-Françoise, fille de Charles Palissot de Montenay, chevalier, membre de plusieurs académies et de feue Jeanne de Fleury, et, en présence : « de très haut « et puissant seigneur de Monseigneur le duc de « Choiseul, pair de France, chevalier des ordres « du roi et ministre d'Etat, et de M. le marquis « de Vérac, ancien ministre de Sa Majesté près le « Roi de Danemark, et de M. le comte de Joussac ».

Mort, sans enfant, « au service ».

3° René-Paul, chef de la branche du Fontenioux, v. p. 43.

4° Jeanne-Louise, née le 13 janvier 1756 [5]; mariée le 28 octobre 1777, à Thomas-François-Ignace Genays, écuyer, chevalier de Saint-Louis, seigneur de Sauvayré, fils de Jacques et de Marie-Angélique Duchesne du Mesnil.

---

1. Parthenay, Etat civil ancien, Saint-Laurent.
2. Chartrier de la Salinière, dossier K.
3. Parthenay, Etat civil ancien, Saint-Laurent.
4. Chartrier de la Salinière, D. J.
5. Parthenay, Etat civil ancien, Saint-Laurent.
6. *Ibidem.*

Veuve, elle épousa, en secondes noces, M^r. de Rogier.

5° Alexandre, né le 18 mars 1757 [1] : mort jeune ;

6° Jeanne-Pélagie, née le 26 novembre 1766 [2], (Mademoiselle de la Salinière), mariée à M. Desprez de Montpezat.

Louis Desprez, chevalier, reçut hommage, le 2 septembre 1437 [3].

X. POIGNAND (JEAN-BAPTISTE), écuyer, seigneur de la Salinière, les Touches et autres lieux ».

Né le 9 janvier 1751 [4] : servit « dans la maison du « roi pendant sept ans [5] ».

Le 4 janvier 1772 [6], étant gendarme de la Garde du Roi, il épousa Céleste-Eléonore, fille de Pierre-Gabriel Brunet, écuyer, seigneur de Sérigné et de Rose-Stéphanie Merland.

Furent présents, au contrat, passé le 31 mai dite année [7], du côté de l'époux :

Messires Charles-Michel Poignand, écuyer, s^{gr} du Magny, gendarme de la Garde ordinaire du roi ; René-

---

1. Parthenay, Etat civil ancien, Saint-Laurent.
2. *Ibidem.*
3. Nadaud, *Nobiliaire du Limousin*, II, 16.
4. Parthenay, Etat civil ancien, Saint-Laurent.
5. Chartrier de la Salinière, dossier K.
6. *Ibidem.*
7. *Ibidem.*

Paul Poignand, écuyer, seigneur du Fontenioux, lieutenant d'infanterie ; Louise Poignand de la Salinière, ses frères et sœur ; Jean Poignand de Lorgère, chanoine, curé de Sainte-Croix de Parthenay ; Paul-Jules de la Porte-Vezin, chevalier, seigneur de Loumois, chevalier de Saint-Louis, capitaine des vaisseaux du roi, son cousin, du côté paternel, et Henriette Jourdain de Villiers.

Du côté de l'épouse :

Messires Louis-Mathurin Brunet, écuyer, seigneur de Sérigné ; Joseph-Alexandre Brunet, écuyer, seigneur de Trié, ses frères ; Louis Brunet, écuyer, seigneur de la Grange et autres parents et amis.

D'après une tradition mentionnée par Chérin, la famille Brunet de Sérigné, de Vendée, descendrait d'Adhémar Brunet de Bergerac, anobli, en 1338 [1].

Jean de la Salinière, en 1789 [2], répondit à la convocation de la noblesse pour les Etats généraux.

Plaçant au-dessus de tout le salut de son pays, il n'hésita pas dans la suite à occuper une place « dans « l'administration municipale du département des « Deux-Sèvres » qui lui valut la froideur et l'ombrage « de parents et amis sur la protection desquels il « comptoit pour faire élever ses enfants [3] ».

C'est animé de la belle pensée de servir la France,

---

1. Paris, Bibl. nationale, Chérin.
2. Chartrier de la Salinière, notes, dossier K.
3. *Ibidem.*

comme il avait servi le Roi, qu'il mit tout son soin à diriger ses enfants dans la carrière des armes ; c'est pour atteindre ce but « qu'il leur fit donner des maîtres « de langues, de mathématiques, de dessins, de fortifi- « cations ».

Dans la requête qu'il adressa à la Direction des Deux-Sèvres, il parlait surtout « de son fils aîné, âgé de « dix-sept ans..., de son goût penchant pour le service » et il réclamait, finalement, en sa faveur, « une lieute- « nance dans un régiment de cavalerie ou de dra- « gons » [1].

Hélas ! ces projets ne devaient être que des rêves !

Il mourut, le 25 août 1791 [2], laissant une jeune veuve, dans Eléonore Brunet de Sérigné, douée d'une intelligence remarquable, qui consacra entièrement sa vie à l'éducation, l'instruction et la direction de ses nombreux enfants.

Par lettre royale du 21 juin 1786 [3], Jean-Baptiste Poignand de la Salinière avait obtenu l'autorisation de faire faire les nouveaux terriers de ses terres. Ils forment trois volumes reliés et intitulés : « Terrier géné- « ral de la Salinière et Terrier général de la Roche aux « Enfans, paroisse de Gourgé. »

Dont :

1° Joseph, né vers 1773 ; mort en bas âge.

---

1. Chartrier de la Salinière, notes, dossier K.
2. *Ibidem*, Niort, Etat civil.
3. *Ibidem*.

2° Jean Gabriel, né le 30 avril 1774[1].

3° Jacques-Marie, né le 14 décembre 1778[2].
mort célibataire, assassiné, pendant les troubles révolutionnaires.

4° Alexandre-Benjamin, qui suit.

5° Rose céleste, né le 10 décembre 1784[3].
Elle est morte le 10 ventôse an XIII[4], épouse de François Hemery (sic) de Messemé.

XI. POIGNAND DE LA SALINIÈRE (ALEXANDRE-BENJAMIN), né le 29 septembre 1780[5]; marié, le 10 juillet 1804[6] (24 messidor an XII), à Marie-Rose-Ursulle Augustine, fille de Jean-Louis Amiet, maire de Mirebeau, et de Marie-Ursulle Arnault; mort au château de la Salinière, le 22 avril 1855[7].

Dont :

1. Joseph-Benjamin, qui suit.

2. Charlotte-Ursule Rosine, née le 23 messidor

---

1. Chartrier de la Salinière, Fontenay-le-Comte, Etat civil ancien, Notre-Dame, dossier K.
2. *Ibidem.*
3. *Ibidem.*
4. Parthenay, Etat civil ancien.
5. Fontenay-le-Comte, Etat civil.
6. Mirebeau, Etat civil.
7. Saint-Pardoux, Etat civil.

an XIII [1] ; mariée, le 20 janvier 1828 [2], à Alexandre Auguste Théobald, fils de Charles Auguste Turquand d'Auzay, chevalier de la Légion d'honneur, et de Marie-Jeanne-Amable Guichard ; décédée le 9 septembre 1880 [3], au Plessis.

XII. POIGNAND DE LA SALINIÈRE (Joseph-Benjamin), né le 15 août 1807 [4] ; marié, le 16 février 1835 [5], à Marie-Augustine-Marceline Pelletier de Montigny, fille de Louis, chevalier de Saint-Louis, chef de bataillon dans l'armée du Prince de Condé, et de Justine de la Borderie ; mort au château de la Salinière, le 25 octobre 1879 [6].

Dont :

1. Marie-Rosine Berthe, née le 22 novembre 1835 ; [7] mariée, le 30 avril 1861 [8], à Edmond Grégoire, fils de Maurice Benoist de Lostende et de Catherine-Elisa de la Salle.

2. Conrad, qui suit.

3. Jules-César, né le 1er juillet 1810 [9] ; marié à sa

---

1. Mirebeau, Etat civil.
2. 3. Chartrier de la Salinière, Familles Turquand.
4. Mirebeau, Etat civil.
5. Poitiers, Etat civil.
6. Saint-Pardoux, Etat civil
7. Poitiers, Etat civil.
8. *Ibidem*.
9. Mirebeau, Etat civil.

cousine Marie-Radegonde-Delphine Poignand du Fontenioux ; décédé le 10 avril 1879 [1].

Dont :

a. Marie-Alexandrine Gabriel, née le 6 mai 1848 [2] ; mariée à Maurice de la Roche-Brochard, ancien capitaine de dragons.

b. Radegonde-Marie, née le 9 avril 1854 [3] ; mariée à Ernest Coyreau des Loges.

XIII. POIGNAND DE LA SALINIÈRE (Pierre-Augustin-*Conrad* [4]. Né le 8 février 1842 ; marié au château de Beireix (commune de Blond, Haute-Vienne), le 9 octobre 1867 [5], à Marthe-*Marie* de la Cousture Renom de Beireix, fille de Joseph-Silvain Clément et de Louise Caroline Benoist de Lostende.

Elle mourut à Limoges, le 16 mars 1898 [6].

La famille de la Cousture Renom de Beireix fut maintenue noble par Barentin en 1667 [7].

Jean-Baptiste Antoine de la Cousture ou Couture Renom de Beireix, comparut, en 1789 [8], à l'Assemblée de la noblesse de la Basse Marche et émigra.

Georges de Beireix, frère aîné de feue Mme de la Sali-

---

1. 2. 3. Poitiers, Etat civil.
4. Poitiers, Etat civil.
5. Blond, Etat civil.
6. Limoges, Etat civil.
7. Maintenue de Barentin.
8. B. Filleau, *Dict. des Fam. du Poitou*, nouv. éd. II, 718.

nière, ancien zouave pontifical décoré de la médaille de Mentana, lieutenant au régiment des mobiles de la Haute-Vienne, est mort, sans alliance, on peut dire des suites de la campagne de 1870. Son hom est encore dans le souvenir de tous.

M. Conrad Poignand de la Salinière, aujourd'hui le chef du nom et des armes de sa maison, réside au château de la Salinière.

Dont :

1. Marie-Catherine-*Marguerite*, née le 2 juillet 1868 [1]; mariée le 31 janvier 1894 [2], au château de la Salinière, à Philippe, fils de Armand-Frédéric des Nouhes de Robineau et de Eugénie-Aglaé de Ferey, baronne de Rozengath.

2. Joseph-*René*, né le 18 décembre 1869 [3]; marié le 28 mai 1895 [4], à Louise-Marie-Antoinette, fille de Marie-Joseph-Auguste d'Hugonneau et de Marie Fraisseix de Veyvialle.

Dont :

a. *Conrad*-Marie, né le 30 mai 1896 [5], décédé le 5 avril 1902 [6];

---

1. Blond (Haute-Vienne), Etat civil.
2. Saint-Pardoux, Etat civil.
3. Poitiers, Etat civil.
4. Saint-Victurnien (Haute-Vienne), Etat civil.
5. Saint-Victurnien, Etat civil.
6. Saint-Pardoux, Etat civil.

b. Bernard-Marie, né le 15 mars 1899 [1];

c. Aliette-Marie, née le 9 janvier 1901 [2];

---

1. Poitiers, Etat civil.
2. Saint-Victurnien, Etat civil.

BRANCHE CADETTE

DITE

POIGNAND DU FONTENIOUX

X *bis*. POIGNAND (René-Paul), écuyer, seigneur du Fontenioux, les Caquinières et autres lieux, fils puîné de Jean-Jacques Poignand, écuyer, seigneur de la Salinière, et de Jeanne-Marie-Françoise de la Court du Fontenioux, née le 9 janvier 1751 [1].

Sa vie fut toute militaire.

Il entra dans les armées du roi ; servit dans les chasseurs des Trois-Évêchés et était lieutenant au régiment de Montmorency-Dragons lorsqu'il épousa, le 4 juin 1784 [2], Louise-Rose, fille de Jean-Charles des Francs, écuyer, chevalier seigneur de la Roche aux Enfans et autres lieux, et de Louise-Michelle-Claire de Razilly.

La maison des Francs, éteinte de nos jours, dans

---

1. Parthenay, Etat civil ancien, Saint-Laurent.
2. Chartrier du Fontenioux, dossier K⁰.

Benjamin des Francs, docteur ès lettres, est, comme le témoignent les intéressants papiers et notes que nous a communiqués M. Alfred du Fontenioux, « une des plus anciennes du Poitou ».

Ses origines remontent aux croisades ; Hugues des Francs accompagna Alphonse, frère de saint Louis en terre sainte, et se trouva, avec lui, en 1249 [1], à la prise de Damiette.

René-Paul du Fontenioux répondit, en 1789 [2], à la convocation de la noblesse.

Dans la suite, il voulut partir pour rejoindre l'armée du prince de Condé à l'étranger, mais il en fut empêché par la fièvre typhoïde qui le retint en France, où sa présence (comme celle des émigrés) était bien plus opportune et nécessaire.

Revenu à la santé, le roi le maintint dans les armées.

Néanmoins, René-Paul, par son passé, ses relations, restait suspect dans un temps où la Révolution grondait, avec une telle violence, qu'elle fit prendre à Louis XVI le parti de fuir pour protéger les jours de la reine, de ses deux enfants, de sa sœur et les siens eux-mêmes.

La veille même, au milieu de toutes ses préoccupations, l'infortuné monarque, pour sauver René-Paul le

---

1. Notes de M. Alfred du Fontenioux, *Généalogie de la famille des Francs*.
2. Armorial de la noblesse, A. de la Porte.

nommait, le 19 juin 1791 [1], lieutenant de sa gendarmerie à la résidence de Parthenay.

La commission portait : « Qu'il aurait rang et qua-
« lité dans les camps et armées. »

Le roi ne pouvait faire une plus belle action ni un meilleur choix. L'amour de son peuple ne fut-il pas, jusqu'à son martyre, la grande préoccupation de sa vie ?

Paul du Fontenioux, par la largeur de ses idées libérales, les généreux élans de son cœur, sut se concilier, non seulement l'affection des siens, mais encore l'estime de ses adversaires.

Le dernier jour de sa vie fut un acte de charité sublime.

Il trouva la mort en escortant une charrette de pains qu'il avait fait remplir pour la distribuer aux malheureux affamés, survivants de la guerre vendéenne, cette grande époque de nos temps modernes connue sous le nom de guerre « des géants ».

René-Paul Poignand du Fontenioux fut tué à coups de fusil, et son corps fut ramené du théâtre du crime à Azay-sur-Thouet, près Parthenay, le 29 ventôse an III [2].

« Il a été assassiné, dit l'acte de décès, sur la com-
« mune d'Azay-sur-Thouet par les brigands, aimant
« mieux mourir que de rendre les armes [3]. »

Peut-on faire, en si peu de mots, un plus bel éloge d'un brave ?

---

1. Chartrier du Fontenioux, dossier K⁰.
2. 3. Chartrier du Fontenioux, dossier K⁰.

Dont :

1. Paul-Charles Lin, 1781-1785 [1].

2. Thomas-Paulin, qui suit.

3. Alexandre-Florent, né le 8 mars 1793 [2]; marié à Eugénie de Juglar, décédé le 20 janvier 1870 [3].

La famille de Juglar, Élection d'Angoulême, fut maintenue dans sa noblesse par d'Aguesseau [4].

Dont :

a. Paul-Marie, 1830-1849 [5].

b. Marie-Victorine, 1837-1857 [6].

c. Anna, morte célibataire [7].

XI[B]. POIGNAND DU FONTENIOUX (Thomas-Paulin, né le 22 juin 1787 [8], marié le 9 novembre 1809 [9], à Marie, fille de Guillaume Nyvard de Courgé et de Madeleine-Françoise d'Angiers.

---

1. Chartier du Fontenioux, dossier K[a]. Parthenay, Etat civil ancien, St-Laurent.
2. Parthenay, Etat civil.
3. Poitiers, Etat civil.
4. Nadaud, *Nobiliaire du Limousin*, II, 601.
5. Longwy (Moselle), Etat civil.
6. Poitiers, Etat civil.
7. Notes de M. Alfred du Fontenioux.
8. Chartrier du Fontenioux, Parthenay, Etat civil, D. K[a].
9. Lusignan, Etat civil.

Louis Nyvart était trésorier général, en Languedoc, en 1473[1].

Thomas-Paulin du Fontenioux mourut le 26 juin 1875[2].

Dont :

1. Charles-Léopold, 1811-1865[3] ; célibataire ;

2. Alexandre-Gustave, qui suit ;

3. Hippolyte-Henri, 1815-1816[4] ;

4. Benjamin-Alfred, chef du second rameau du Fontenioux, v. p. 51.

5. Marie-Radegonde-Delphine, mariée à son cousin Jules Poignand de la Salinière, précitée page 39.

XII[B]. POIGNAND DU FONTENIOUX (ALEXANDRE-GUSTAVE). Né le 13 janvier 1813[5] ; marié le 24 novembre 1845[6] à Elizabeth-Léontine, fille de Pierre-Amédée Riou et de Françoise-Elisabeth Germonneau du Charraud.

La famille Riou est originaire de l'Angoumois.

En 1467[7], André Riou était brigandinier du s[r] de Laige.

---

1. Poitiers, Bibl. de la Ville, *Hist. du Languedoc*. D. Vaissette, XIIIe, 160.
2. 3. 4. Poitiers, Etat civil.
5. Poitiers, Etat civil.
6. Chauvigny, Etat civil.
7. Poitiers, Bibl. de la Ville, *Roolle des Bans du Poitou*, par de Savezay, p. 85.

Le bienheureux Fournet, fondateur des Filles de la Croix, se rattachait à la famille Riou[1].

M. Gustave Poignand du Fontenioux est le chef de la maison de ce nom.

Il réside au château des Cottets par Saint-Pierre-de-Maillé (Vienne).

Dont :

Marie-Claude-Thomas *Raoul*, né le 15 octobre 1846[2], marié le 3 juillet 1877[3], à Elizabeth-Marie-Berthe-Nélia, fille de Etienne-Octave de Guillaume de Rochebrune, célèbre aquafortiste, chevalier de la Légion d'honneur, et de Alise Grelier du Fougeroux.

Dont :

a. Marie-Thomas-Gustave-Octave *Henry*, né au château des Cottets, le 29 avril 1878[4], docteur en droit ;

b. Marie-Elizabeth-Etiennette-*Alix*, née, au château des Cottets, le 16 octobre 1881[5]. Elle a épousé, le 24 octobre 1900[6], Benjamin, baron de Maynard-Mesnard.

---

1. Notes de M. Alfred du Fontenioux.
2. Poitiers, Etat civil.
3. Fontenay le Comte, Etat civil.
4. Saint-Pierre-de-Maillé, Etat civil.
5. 6. *Ibidem*.

c. Marie-Etienne-*Raoul*, né au château des Cottets, le 24 octobre 1894[1].

La noble maison de Guillaume de Rochebrune est originaire de l'Orléanais.

Elle habita le Limousin depuis le commencement du XVIe siècle et se fixa en Vendée après la révolution.

Octave de Rochebrune est né à Fontenay-le-Comte, le 1er avril 1824[2], et décédé au château de Terreneuve, le 17 juillet 1900[3].

Il fut maire de Fontenay-le-Comte de très longues années, et eut dans toute la Vendée une influence énorme.

Sa réputation n'était pas moins grande comme artiste. Elève de Jean-Louis Petit et de Justin Ouvrié, il exposa plusieurs peintures reçues au Salon (1845-1848)[4].

Son profond sentiment des arts se révèle aussi dans ses dessins à la mine de plomb, ses aquarelles, ses sculptures, etc. Mais il excelle surtout dans la gravure à l'eau-forte, et, sans maîtres, il créa un genre à lui, plein de hardiesse et de savoir; ses planches, d'une remarquable vigueur, ont mérité à leur auteur le titre enviable de *Piranesi Français*.

Ses débuts datent du 25 octobre 1859[5]; aux

---

1. Saint-Pierre-de-Maillé, Etat civil.
2. Fontenay-le-Comte, Etat civil.
3. *Ibidem*.
4. 5. Notes.

simples mentions succédèrent bientôt les médailles aux Salons suivants, 1865, 1868, 1872 [1], enfin la croix de la Légion d'honneur vint, en 1874 [2], au lendemain de l'Exposition universelle de Vienne, apporter à cet homme de talent le juste tribut de la reconnaissance des maîtres.

Les merveilles de la Renaissance l'ont particulièrement inspiré, et parmi ses œuvres d'aquafortiste nous citerons Chambord, Blois, Notre-Dame, la Sainte-Chapelle, le Palais de Justice de Rouen, l'abside de Saint-Pierre de Caen.

1, 2. Notes.

BRANCHE CADETTE

SECOND RAMEAU

POIGNAND du FONTENIOUX

XII *ter*. POIGNAND DU FONTENIOUX (Benjamin Alfred), avocat, né le 14 décembre 1817 [1]; marié, le 6 août 1851 [2], à Marie-Radegonde-Mathilde, fille d'Amédée Riou et de Françoise-Elisabeth Germonneau du Charraud.

M. Alfred Poignand du Fontenioux réside, à Poitiers, en son hôtel, rue des Trois-Piliers.

Dont :

1. Marie-Thomas-Pierre-*Alfred*, avocat, né le 29 juin 1852 [3], marié le 21 décembre 1887 [4], à Marie-Eugénie-*Joséphine*, fille de Armand Floucaud de Fourcroy, contre-amiral, commandeur de la Légion d'honneur, et de Marie Coudrin.

---

1. Poitiers, Etat civil.
2. 3. *Ibidem*.
4. Paris.

Dont :

a. Marie-Radegonde-Gabrielle-*Thérèse*, née le 25 octobre 1888 [1] ;

b. Marie-Alfred-Joseph-*François*, né le 4 janvier 1890 [2] ;

c. Marie-Léon-*Joseph*, né le 24 septembre 1893 [3].

2. Marie-Joseph-Thomas-*René*, né le 28 janvier 1855 [4], mort le 11 mai 1873 [5] ;

3. Radegonde-Marie, née le 30 août 1857 [6] ; morte le 23 mai 1859 [7] ;

4. Marie-Gustave-Thomas, né le 4 juillet 1862 [8] ;

5. Achille-Gabriel-Henri, né le 15 juin 1866 [9], mort le 29 juillet 1868 [10] ;

6. Elizabeth-Radegonde-*Marie*, née le 6 janvier 1870 [11], mariée le 20 mai 1896 [12], à *Pierre*-Antoine de Sablon du Corail, lieutenant au 33ᵉ d'artillerie, fils de Gabriel et d'Olympe-Louise de Pierre de Bernis.

---

1. 2. 3. Poitiers, Etat civil.
4. 5. 6. 7. 8. 9. 10. 11. 12. Poitiers, Etat civil.

POIGNAND

BRANCHE du PLESSIS-VIET

III *bis*. POIGNAND (Jacques), sieur du Plessis, troisième fils de Jacques Poignand et de Marguerite Saulnier.

Par le partage de 1560[1], il eut la terre et seigneurie du Plessis-Viet, paroisse de Pompaire.

Le 15 septembre 1576[2], il acquit d'Aymery Esteau, écuyer, le bois Eschallard, paroisse de Beaulieu.

Il avait épousé, Anne Berthon qui, en 1571, « mourut « de pleurésie, fort bonne chrestienne et fut enterrée à Sainte-Croix[3] ».

Dont :

Jacques, qui suit ;

IV *bis*. POIGNAND (Jacques), sr du plessis, Procureur au siège de Parthenay.

1, 2. Chartrier du Fontenioux, D. C. et terres, bois Eschallard.
3. Ledain, *Journal de Generoux*, p. 84.

Dont :

1. Rachel, mariée, le 16 janvier 1619 [1], à François Moreau, écuyer, seigneur de Chaumusson.

Le 31 octobre 1652 [2], ils partagent avec leurs enfants, leur lieu et maison noble du Plessis-Viet. Maintenus dans leur noblesse [3].

2. Marie, mariée à M. Gavaud, « advocat à Poitiers [4] ».

---

1. 3. *Archives historiques du Poitou*, t. XXIII, p. 95.
2. Chartrier de la Salinière, terres, Plessis-Viet.
4. Chartrier du Fontenioux, D. C.

POIGNAND

BRANCHE de la PROUSTIÈRE

III b. POIGNAND (François), sr de la Proustière, quatrième fils de Jacques Poignand et de Marguerite Saulnier.

Par le partage de 1560 [1], il eut la métairie de la Proustière et ses dépendances, paroisse Saint-Pardoux.

Le 20 décembre 1576 [2], il échangea avec Aymery Alleau, écuyer, sgr de Vermenil, le bois dit Bois Eschallard pour la terre de la Rouze, *aliàs* la Ronce, paroisse Saint-Pardoux. Il épousa Marie Jarno (ou de Pontjarno) issue de la noble famille de ce nom, qui a fourni un maire de Poitiers, au Présidial plusieurs magistrats et à la Gâtine un grand Bailly, dans Balthazar Jarno, sgr de Nantilly, 1555-1556 [3].

Jean Jarno, écuyer, sgr de la Séguinière, terre de la paroisse de Secondigny, qu'il acquit le 24 mars 1454 [4].

---

1. Chartrier du Fontenioux, D. C.
2. Chartrier de la Salinière, terres, la Ronce.
3. Ledain, *la Gâtine*, appendices, p. 2.
4. *Dict. des Fam. du Poitou*, B-Filleau, II, 251, anc. édit.

Dont :

1. François, s{sr} de la Proustière, « advocat habitué à Poitiers »[1].

Dont :

François. « Aussy advocat audit Poitiers, « despuis mort prestre, curé de Claray, qui a « laissé plusieurs garçons et une fille, à présent « veuve du sieur Guillemard de la Girar- « dière[2]. »

2. David, de Fontenay[3].

Dont :

Catherine, « mariée avec le sieur de la Vin- « cerre[4] ».

3. Joseph, qui suit ;

4. Anne, mariée à « de Maneny, Esleu de Poi- « tiers[5] ».

IV b. POIGNAND (Joseph), sgr de Laudouinière, paroisse d'Allonne, « advocat à Parthenay »[6].

A ce titre, viennent s'ajouter ceux de licencié en droit, d'avocat en parlement et de sénéchal de la haute justice du Fontenioux.

---

1. 2. 3. 4. 5. 6. Chartrier du Fontenioux, dossier B. Mémoires généalogiques du xviiie s., mss.

C'est en cette dernière qualité, qu'il a reçu, le 23 février 1623 [1], l'hommage de Guillaume Guybault, s^{gr} de la Marière.

Il était, en outre, dès 1606 [2], sénéchal de la Sallière, *aliàs* de la Salinière et du fief Russeil.

Joseph se maria deux fois, ainsi qu'il appert, de l'aveu qu'il rendit, le 17 juillet 1623 [3], dans lequel il agit « au nom de ses enfants, et de feue dame Louise « Rogier, sa première femme [4] ».

Dont :

1. Samuel, sieur de la Courlaire, paroisse de Neuvy-Bouin, docteur en médecine à Parthenay.

Le 7 mai 1630 [5], il acquit de Pierre Morineau, s^{gr} du Serier, une rente due par Catherine Poignand, dame de la Verrie.

Il épousa Françoise de Rainsay [6].

Dont :

Marguerite, mariée, le 29 mai 1659 [7], à Charles Texier, s^{gr} de Pransac et de la Resnière, avocat à Parthenay, veuf de François Chaigneau.

---

1. A. Richard, *Archives du château de la Barre*, II, 207.
2. 3. 4. 5. Chartrier de la Salinière, terres, Salinière (la), Séguinière (la).
6. Chartrier de la Salinière, Familles, dossier Texier.
7. *Ibidem*.

2. Joseph, sʳ de la Berthelière, paroisse de Saint-Aubin-le-Cloux ; comme avocat général du Fontenioux, il reçut l'hommage, en 1641 [1], « d'un éperon d'or » de Guillaume Guilbault.

Il avait épousé Judith Nau, qui vendit, étant veuve, le 27 octobre 1649 [2], à Jean Liet, maître sergent d'Adilly, les bois et futaies de la Tousche de la Salmondière, ès appartenances du lieu noble de la Séguinière.

3. Jean, qui suit.

4. Eléonore, dite « damoiselle de Thoiré [3] »; veuve dès le 2 août 1649 [4], de David Chaigneau, seigneur dudit lieu, écuyer, conseiller du roi, lieutenant du Prévôt des Connétables et Maréchaux de France.

V b. POIGNAND (JEAN), seigneur de la Courlaire et de la Séguinière, dit « Poignand, médecin [5] ».

Il fut, en effet, docteur en médecine à Parthenay, dès 1638 [6].

Marié à Catherine Bureau.

L'Inventaire des archives de la ville de Poitiers men-

---

1. 2. A. Richard, *Archives du château de la Barre*, II, 207.
3. Chartrier du Fontenioux, D. B. Mém. généal. mss du xviiiᵉ s.
4. Chartrier de la Salinière, terres, Parthenay.
5. Chartrier du Fontenioux, Mémoires généalogiques du xviiiᵉ s. mss.
6. Parthenay, Etat civil ancien, Saint-Laurent.

tionne « une patenostre (chapelet) d'or avec un gros
« bouton de perle de comte, pesant ensemble un marc
« ou environ... et une belle croix d'or garnie de trois
« rubis, de quatre perles de comte et d'un saphir au
« milieu donnés, le 26 octobre 1446, à la femme de
« Jean Bureau, trésorier de France, afin qu'il soit plus
« enclin d'avoir la Ville et les affaires d'Ycelle mesme-
« ment touchant le fait de la Gabelle, en plus grande
« recommandation [1] ».

Jean Poignand, le 12 mai 1656 [2], rendit aveu à Charles de la Porte, duc de la Meilleraye, baron de Parthenay, pour sa Seigneurie de la Séguinière.

Il était mort, en 1672 [3]. Catherine Bureau, sa veuve, mourut elle-même, le 14 septembre 1685 [4] ; — fut inhumée dans l'église Saint-Laurent.

Dont :

1. Jean, qui suit.

2. Marguerite, née le 16 août 1638 [5].

3. Catherine, mariée le 22 juin 1672 [6], à François, fils de François de la Cour et de Jeanne Catillon, de la paroisse de Saint-Hilaire de la Celle de Poitiers.

C'est donc par erreur que Beauchet Filleau le dit

---

1. Poitiers, Bibl. de la ville, Inventaire, 1892, AAAA, XIV, p. 284.
2. Poitiers, Archives départementales, C. 501.
3. Parthenay, Etat civil ancien, Saint-Laurent.
4. 5. 6. *Ibidem.*

fils de René de la Court, écuyer, s^gr du Fonteniou, et de Claude Collardeau [1].

4. Pierre, mort le 21 mars 1706 [2], chanoine de Sainte-Croix, Bailly et lieutenant général de Parthenay, inhumé dans l'église Saint-Laurent.

5. Renée, vivante en 1685 [3].

6. Eléonore, morte le 29 octobre 1709 [4]; inhumée dans l'église Saint-Laurent.

7. Françoise, morte le 19 avril 1734 [5], célibataire, inhumée dans l'église Saint-Didier de Poitiers.

VI. POIGNAND (Jean), médecin du roi et son conseiller à Parthenay [6].

Le 28 juillet 1673 [7], il rendit aveu, au nom de François de la Cour et de Catherine Poignand, ses beau-frère et sœur, pour la seigneurie de la Séguinière.

Il épousa Jeanne Bouillié [8], vers 1664, mourut le 9 août 1710 [9], inhumé dans l'église Saint-Laurent [10] de Parthenay.

Dont :

Jean, qui suit.

---

1. *Dictionn. des Familles du Poitou*, II, 673 nouv. éd.
2. 3. 4. Parthenay, Etat civil ancien, St-Laurent.
5. Poitiers, Etat civil ancien, St-Didier.
6. 8. 9. Parthenay, Etat civil ancien, Saint-Laurent.
7. Poitiers, Arch. dép., E. 254.

VII. POIGNAND (Jean), écuyer, seigneur de Lorgère, paroisse de la Chapelle-Bertrand.

Né le 17 juin 1684 [1] ; marié le 4 février 1709 [2] à Catherine-Angélique, fille de Jacques Espron, écuyer, seigneur de Beauregard, conseiller du roi en l'Election de Niort et de Gabrielle Suandeau.

La noblesse de la famille Espron est féodale ; ses origines la font sortir des environs de Saint-Maixent ; elle a fourni des Trésoriers au bureau des finances.

Par son contrat de mariage du 22 janvier 1709 [3], Jean reçut de son père la charge « de lieutenant général du « bailliage de Parthenay, la terre et seigneurie de Lor- « gère, la métairie de la Courlaire ».

Il quitta Parthenay pour venir se fixer à Poitiers où il habita rue du Moulin-à-Vent, [4] paroisse Saint-Didier ; devint, dès 1712 [5], lieutenant particulier, assesseur civil au Présidial et Maire de Poitiers, en 1718 [6].

Sous son administration, en 1719 [7], le prince de Conti, gouverneur du Poitou, vint à Poitiers avec 400 gentilshommes de la province, commandés par M. des Francs de la Bretonnière. Le prince fut reçu à la porte du château.

---

1. Parthenay, Etat civil ancien, Saint-Laurent.
2. Beceleuf, Etat civil, ancien.
3. Poitiers, Arch. dép. Eⁿ 254. Poignand de Lorgère.
4. Ch. de Gennes, *Présidial de Poitiers*, p. 157.
5. Ch. Babinet, *le Présidial de Poitiers*, p. 180.
6. *Ibidem*, et mss Bourbeau, 300. Thibeaudeau, VI, 438.
7. Poitiers, Bibl. de la ville, mss Bourbeau, 300, et Thibeaudeau, VI, 438.

Jean Poignand de Lorgère mourut le 13 novembre 1734 [1] ; il fut inhumé dans l'église Saint-Didier, « en « présence de sa famille, de messieurs du présidial et de « plusieurs parents et amis. »

Il portait, pour armes, « *d'argent au lion rampant de gueules, armé et lampassé de même* [2] ».

Devise : « *Ad nullius pavebit occursum* [3]. »

Dont :

1. Catherine Gabrielle Angélique, née le 5 janvier 1711 [4] ;

2. Jacques, qui suit ;

3. Marguerite-Renée, prit le voile ; Ursulines de Parthenay, 11 juillet 1735 [5] ; était née le 9 mai 1713 [6].

4. Catherine-Eléonore, prit le voile ; Ursulines de Parthenay, 11 juillet 1735 [7] ; était née le 20 mars 1715 [8].

5. Jean, né le 24 novembre 1716 [9], écuyer, seigneur de Lorgère ; entra dans les ordres ; diacre le 1er décembre 1740 [10] ; mort curé doyen chanoine de Sainte-Croix de Parthenay, 1762-1789 [11].

---

2. 3. Poitiers, Bibl. de la ville, mss Bourbeau, 300. Thibeaudau, VI, 438.
4. Parthenay, Etat civil ancien, Saint-Laurent.
1. 6. 8. 9. Poitiers, Etat civil ancien, Saint-Didier.
5. 7. Poitiers, Arch. dép., E^a 254. Poignand de Lorgère.
10. 11. Poitiers, Arch. dép., E^a 254. Poignand de Lorgère, et Ledain, *la Gâtine*, appendices, p. 8.

6. Joseph, né le 21 avril 1718 [1], écuyer, lieutenant au régiment d'Auxerrois [2].

7. Pierre, écuyer, seigneur de la Maisonneuve, né le 14 mars 1720 [3], marié le 7 février 1764 [4], à Marie-Jeanne Duchesne de Saint-Léger ; mort sans enfant.

8. Marie-Madeleine Angélique, née le 8 décembre 1721 [5].

9. Marie-Anne, née et morte en 1722 [6].

10. Charles, né le 9 juillet 1723 [7], mort le 1er juin 1727 [8], inhumé dans l'église Saint-Didier.

11. Marie-Gabrielle, née le 12 novembre 1724 [9].

12. Louis, écuyer, seigneur des Grois, né le 29 novembre 1726 [10], mort ancien capitaine au régiment de Touraine, chevalier de Saint-Louis [11].

13. Etienne-Joseph, écuyer, seigneur de la Séguinière, né le 24 décembre 1730 [12].

Il épousa, en premières noces, le 13 février 1759 [13],

---

1. 3. 4. 5. 6. 7. 8. Poitiers, Etat civil ancien, Saint-Didier.
2. Poitiers, Arch. dép., Eⁿ 254. Poignand de Lorgère, et Ledain, *la Gâtine*, appendice, p. 8.
9. Parthenay, Etat civil ancien, Saint-Laurent.
10. 12. Poitiers, Etat civil ancien, Saint-Didier.
11. Poitiers, Arch. dép., Eⁿ 254. Poignand de Lorgère.
13. Cloué, Etat civil ancien.

Marie, fille de François Irland, écuyer, seigneur de la Salvagère et de Françoise Bobin.

Dont :

Jean, né et mort en 1760 [1].
Il épousa, en secondes noces, Marie Catherine de la Sauzay.

Dont :

a. Jeanne-Elizabeth, née le 21 décembre 1766 [2], mariée le 6 brumaire an V [3], à François de Maubué.

b. Marie-Victoire, 1767-1832 [4], mariée à Louis-René-François Louvaud de Ligny, capitaine de vaisseau [5].

c. Louis, né le 7 mars 1773 [6], marié le 12 mars 1797 [7], à Renée-Amable Garnier, veuve de Philippe Moysen, mort le 10 vendémiaire an X.

d. Joseph, né vers 1774 [8].

VIII. POIGNAND (JACQUES), écuyer, seigneur de Lor-

---

1. Cloué, Etat civil ancien.
2. Soudon, Etat civil ancien.
3. Soudan, Etat civil.
4. Verdillé, Etat civil.
5. 8. Poitiers, Arch. dép. Eⁿ. 254. — Poignand de Lorgère.
6. 7. Soudan, Etat civil.

gère, la Chapelle-Bertrand et autres lieux, né le 18 mars 1712 [1].

Par acte de partage du 18 février 1744 [2], des biens de ses père et mère, il eut, entre autres terres, celle de Lorgère.

Il épousa, le 12 janvier 1745 [3], Thérèse-Catherine Irland, fille de François, écuyer, sgr de la Salvagère et de Françoise Bobin.

Les Irland sont originaires d'Ecosse : leur chapelle, à Poitiers, dite des Ecossais [4], et la rue où elle se trouvait ont perpétué leur nom jusqu'à nos jours.

Jacques rendit hommage avec sa mère, Marie Espron, pour la seigneurie de la Jallière, paroisse de la Boitière, le 10 mars 1767 [5].

Il mourut, le 31 mars 1776 [6]; inhumé dans l'église Saint-Cybard de Poitiers.

Dont :

1. Françoise-Gabrielle, née morte 1746 [7].

2. Jean, né le 27 octobre 1747 [8].

3. Julie-Catherine, née le 20 décembre 1748 [9].

---

1. Poitiers, Etat civil ancien, Saint-Didier.
2. Poitiers, Arch. dép. E{n} 254. — Poignand de Lorgère.
3. Cloué, Etat civil ancien.
4. De Chergé, *Guide du voyageur*, 37.
5. Poitiers, Etat civil ancien, Saint-Cybard.
6. 7. 8. Cloué, Etat civil ancien.
9. Cloué, Etat civil ancien.

mariée le 6 septembre 1765 [1], à Pierre Bouin de Beaupré, médecin breveté du roi dans les hôpitaux militaires.

4. Elisabeth-Félicité-Henriette, née le 11 avril 1750 [2], morte le 28 février 1833 .

5. Louise-Madeleine, née le 17 juillet 1751 [4], décédée le 10 août 1754 [5].

6. Philippe, qui suit.

7. Hubert, écuyer, chevalier de Lorgère, né le 3 avril 1755 [6] ; figura au ban de la noblesse en 1789 [7] ; émigra, devint officier au régiment Médoc infanterie, passa dans la légion du Béarn comme chasseur à cheval, et fut blessé de trois coups de sabre à l'affaire du 26 avril 1794 [8].

IX. POIGNAND (Philippe), écuyer, seigneur de Lorgère, la Chapelle-Bertrand, la Salvagère ; né le 27 octobre 1752 [9] ; épousa Céleste-Victoire, fille de Pierre de Leffe de Noue et de Louise de Ligondre.

Louis Pierre de Leffe et ses frères firent, les 8 et 16 juillet 1785 [10], leurs preuves de noblesse.

---

1. 3. 4. 5. Cloué, Etat civil ancien.
2. Poitiers, Etat civil.
6. 7. 8. Beauchet-Filleau, *Emigrés du Poitou*, 59.
9. Cloué, Etat civil.
10. Saint-Allais, XII, 96.

Philippe mourut le 2 novembre 1787[1]. C'est donc par une grande erreur que Bardy[2] et de la Porte[3] le comprennent et le font figurer parmi les électeurs de la noblesse en 1789.

Dont :

1. Hubert, 1787, 1791[4].

2. Louise-Eugénie, posthume, née le 4 juillet 1788[5]; mariée le 21 avril 1813[6], à Alphonse, marquis d'Aubéry, chevau-léger en 1814[7]; accompagna Louis XVIII, à Gand ; servit sous le marquis de la Roche-Jacquelin ; mourut en 1830 [8].

Elle décéda le 12 mars 1879 [9].

---

1. Montreuil-Bonnin, Etat civil ancien.
3. 4. Bardy, *Electeurs de la noblesse*, 92, et A. de la Porte, *Armorial de noblesse*, 100.

APPENDICE

GÉNÉALOGIE

DE LA MAISON

DE LA COURT DU FONTENIOUX

EXPOSÉ

La généalogie des POIGNAND DE LA SALINIÈRE ET DU FONTENIOUX, que nous venons de donner, serait véritablement incomplète, si on ne la faisait suivre par celle des DE LA COURT DU FONTENIOUX, leurs ancêtres, dont ils continuent la descendance et perpétuent le nom.

Les de la Court sont chevaliers de père en fils, depuis la guerre de Cent ans; ils habitent « leur maison « forte, du Fontenioux de Vernou »; leurs alliances avec les Amelin, de Thouars, Le Bascle, de la Coussaye, Collardeau, Maynard-Mesnard, de la Porte de Vezin et de la Rembourgère, les placent au premier rang des familles de France.

C'est en grande partie avec le chartrier de la Court, appartenant à leur descendant, M. Alfred du Fontenioux, que nous donnons la généalogie, en filiation suivie et ligne directe, de cette illustre famille.

Nous adressons donc à M. du Fontenioux tous nos justes remerciements.

ARMES

« *De sinople à la bande d'or chargée d'un porc-épic* « *de sable.* » (Maintenues de noblesse et armorial du Poitou.)

NOTA — Dès 1421, les de la Court, écuyers, portaient pour armes : « De sinople à une barre d'or. »

Dans la suite, ils remplacèrent la barre par la bande d'or qu'ils chargèrent d'un porc-épic, meuble qu'ils semblent avoir emprunté au blason de Marguerite de la Roche, épouse de Mathurin de la Court, seigneur du Fontenioux qui portait, en effet : « *d'azur à 3 porcs-* « *épics au chef de gueules à un demi tablier d'argent.* » (V. page 79.)

FILIATION SUIVIE

I. **COURT** (Guillaume de la). — Vivait au temps de la guerre de Cent ans.

Il figure, le 18 septembre 1372 [1], avec les principaux habitants de Parthenay dans la convention passée entre le duc de Berry et le sire de cette ville.

Marié à Guillemette, dont l'histoire ne nous a pas conservé le nom de famille ; vivant encore en 1392 [2].

Dont :

1. Guillaume ou Guillemin, plus désigné par ce dernier nom, qui suit.

2. Jean, écuyer, l'un des dix gentilshommes chargés de la garde de Parthenay, en 1421 [3].

II. **COURT** (Guillemin de la) chevalier, seigneur de Tenessue, paroisse d'Amaillou [4], et, dès 1403 [5], —

---

1. 3. Ledain, *la Gâtine historique*, p. 152.
2. Chartrier du Fontenioux, Familles, Court (de la) D. C.
4. Ledain, *la Gâtine*, appendices 1.
5. Chartrier du Fontenioux, terres, Fontenioux (le).

FILIATION SUIVIE

I. COURT (Guillaume de la). — Vivait au temps de la guerre de Cent ans.

Il figure, le 18 septembre 1372[1], avec les principaux habitants de Parthenay dans la convention passée entre le duc de Berry et le sire de cette ville.

Marié à Guillemette, dont l'histoire ne nous a pas conservé le nom de famille ; vivant encore en 1392[2].

Dont :

1. Guillaume ou Guillemin, plus désigné par ce dernier nom, qui suit.

2. Jean, écuyer, l'un des dix gentilshommes chargés de la garde de Parthenay, en 1421[3].

II. COURT (Guillemin de la) chevalier, seigneur de Tenessue, paroisse d'Amaillou[4], et, dès 1403[5], —

---

1. 3. Ledain, *la Gâtine historique*, p. 152.
2. Chartrier du Fontenioux, Familles, Court (de la) D. C.
4. Ledain, *la Gâtine*, appendices 1.
5. Chartrier du Fontenioux, terres, Fontenioux (le).

du Fontenioux, paroisse de Vernou, pour lequel il reçoit aveu, le 9 août, dite année.

Le 13 mai 1392 [1], il épousa Jehanne, fille de Jehan Amelin et de Jehanne de Hericon (Herisson) « de la « maison de Thouars » en présence du seigneur de Parthenay, Jehan l'Archevêque, dont il était l'ami et le favori.

A tous égard, Guillemin méritait bien cet honneur.

Par sa naissance, sa fortune, ses fonctions, il occupait un rang considérable à Parthenay.

Il passa son existence dans les armes ; Jehan l'Archevêque n'eut qu'à se féliciter de l'avoir nommé, les 19 novembre 1401 [2], et 7 avril 1406 [3], capitaine du château et gouverneur de Parthenay et capitaine de Vouvent [4].

En 1419 [5], il fut en cette qualité placé à la tête des officiers chargés de défendre Parthenay contre l'armée du Dauphin qui avait été envoyée pour punir l'Archevêque de suivre le parti du duc de Bourgogne. Vainement, dans leur marche, les troupes royales, sous la conduite du comte des Vertus, se ruèrent-elles sur Tennessue, château et petite forteresse dudit Guillemin de la Court « qu'il falloit, disait-il, réduire, démo- « lir et remettre en l'obéissance du Roy et du régent [6] ».

---

1. Chartrier du Fontenioux, familles, Court (de la) D. C.
2. 3. 4. Ledain, *la Gâtine*, appendice, 1.
5. *Ibidem*, 178.
6. Ledain, *la Gâtine historique*, p. 178 et suiv.

La petite garnison qui l'occupait opposa une telle résistance qu'il fallut en faire le siège.

Tennessue et sa grosse tour carrée étaient encore debout alors que Parthenay, malgré son héroïque défense, ouvrait ses portes [1].

Le traité du 31 août 1419 [2], qui termina la guerre, eut comme conséquences la restitution des biens confisqués des partisans du seigneur de Parthenay, la perte, momentanée pour Guillemin, de sa charge de capitaine, charge qu'il retrouva peu de temps après.

A cette juste restitution vinrent s'ajouter comme récompense de sa vaillante conduite le titre octroyé, devant Parthenay, en août 1419 [3], « de premier chevalier « et gentilhomme de Gastine » et le don du roi « de « 100 livres à prendre sur les aides du Poitou [4] ».

Guillemin et Jeanne Amelin, le 8 décembre 1421, se firent donation mutuelle de leurs biens [5].

Guillemin de la Court portait : « *Une barre d'or en* « *champ de Sinople* ».

Jehanne Amelin : « *Un tablier rouge et blanc champ* « *d'argent et de gueulle* [7] ».

Dont :

1. Jean, qui suit ;

---

1. 2. *La Gâtine historique*, 178 et suiv.
3. *Maintenue de noblesse* de 1667.
4. Fonds Franç., 20.881.
5. Chartrier du Fontenioux, familles, Court (de la).
6. 7. Chartrier du Fontenioux, *Noms des Seigneurs et dames du Fontenioux*, pièce manuscrite du xviiie siècle.

2. Bertrand, qui a formé la branche de la Bertonnière, paroisse de Viennay.

III. COURT (JEAN DE LA), écuyer, seigneur du Fontenioux, Tennessue.

Jean l'Archevêque lui continua sa haute protection et le nomma, le 1ᵉʳ avril 1425 [1], capitaine de Châtelaillon, office qu'il vendit, un an après, à Laurent Desnoix [2], bourgeois de la Rochelle, moyennant « cent moutons d'or [3] ».

Le 2 avril 1443 [4], il procéda au partage des biens de ses père et mère ; et, le 11 juin de la même année [5], il autorisa Jehan Martinet, prêtre, chapelain de la chapelle « de son lieu du Fontenioux » à permuter cette chapellenie contre celle de Saint-Jacques de la Maisondieu de Parthenay.

Jean épousa Jeanne Fleury, qui portait « *une croix « pattée d'argent au champ de gueulle avec huict testes de « coullieuvres au pied de la dicte croix savoir deux à chas- « cun croison* » [6].

Dont :

1. Nicolas ou Colas, qui suit.

2. Marie.

---

1. 2. *Maintenue de noblesse* de 1667. Chartrier du Fontenioux, terres, Fontenioux (le).

3. Monnaies frappées sous le roi Jean le Bon (Larousse, III, 97).

5. 6. Chartrier du Fontenioux, Court (de la). *Noms des Seigneurs et Dames.*

IV. COURT (Nicolas de la), écuyer, seigneur du Fontenioux.

Vivant dès 1444 [1], homme d'armes du sieur de l'Isle en 1467 [2]; marié à Catherine Chauvin « de la maison du Teil Chauvin [3] »;

Elle portait : « *Deux chevrons brisés et deux aigles en* « *champ de gueulle et azur* . »

Dont :

1. Mathurin, qui suit.
2. Jacques.

V. COURT (Mathurin de la), écuyer, seigneur du Fontenioux.

Il servit au ban de 1488 [5], 1489 [6]; épousa, le 5 février 1494 [7], Marguerite de la Roche « de la maison de la « Menautière près Nantes [8] » qui portait : « *Trois portz* « *espictz (porcs-épics) en champ d'azur au dessus d'ung* « *demy tablier d'argent en champ de gueulle* [9]. »

Le 21 juillet 1500 [10], il partage avec Jacques de la Court, son frère, les biens de leurs père et mère.

Le 28 juillet 1507 [11], il rend aveu au duc de Longue-

---

1. Ledain, *Gâtine hist.*
2. *Maintenue de noblesse.*
3 et 4. Chartrier du Fontenioux, *Noms des Seigneurs et Dames.*
5. 6. Documents inédits relatés dans B. Filleau nouveau, II, 673.
7. *Maintenue de noblesse de 1667.*
8. 9. Chartrier du Fontenioux, *Noms des Seigneurs et Dames.*
10. *Maintenue de noblesse.*
11. Poitiers, Arch. dép., C. 389.

ville pour la Foi-Henri, paroisse de Vernou; fait son testament le 26 janvier 1530 [1].

Dont :

René, qui suit.

VI. COURT (René de la), écuyer, seigneur du Fontenioux et autres lieux.

Le 15 décembre 1531 [2], il rendit aveu au duc de Nemours, baron de Secondigny pour la terre de la Foi-Henri.

Il épousa en premières noces, Catherine, fille de Guillaume Olivier ou Ollyvier, écuyer, seigneur de Mignaland, qui portait : « *Troys olliviers noires et une barre d'or au champ de gueulle* [3]. »

Le 30 avril 1537 [4], il vendit, avec son fils aîné, Guillaume, le tiers de la seigneurie de Viennay et de la Touche.

Dont :

Guillaume, qui suit ;
Veuf, René épousa Catherine Minier [5].
Dont :
Orson.

---

1. 2. Poitiers, Arch. dép., C. 389.
3. Chartr. du Fontenioux, *Noms des Seigneurs et Dames*.
4. *Dict. des Fam.* B. Filleau, nouveau, II. 673.
5. *Maintenue de noblesse.*

VII. COURT (Guillaume de la), écuyer, seigneur du Fontenioux.

Il épousa Philippe Le Bascle « de la maison de Vaux près Bourgueil [1] » ; elle portait : « *Trois mascles d'ar-* « *gent au champ de gueulle* [2]. »

Jean Le Bascle, s[gr] du Puybascle près Lisle Bouchard, Varenne, en Loudunais, avait épousé, en 1440 [3], Yolande, fille de Jean Le Maire, seigneur de la Roche Jacquelin et de Jeanne de Quatrebarbe, dont : François Le Bascle, s[gr] de Varennes, conseiller et maître d'hôtel de Charles VIII, gouverneur de l'Isle Bouchard.

La rue Le Bascle perpétue, de nos jours, à Poitiers, le nom de cette vieille famille.

Le 11 avril 1551 [4], Guillaume de la Court acheta de Charles de Foussay, écuyer, seigneur de la Reboulière, le Vergier, paroisse de Vernou.

Dont :

1. René, qui suit.

2. Philippe, mariée à Claude Bonin, écuyer, s[gr] de de la Chastellerye.

3. Marie.

4. Barbe.

VIII. COURT (René de la), écuyer, seigneur du Fontenioux et autres lieux.

---

1. Chartr. du Fontenioux, *Noms des Seigneurs et Dames*.
2. *Ibidem*.
3. B. Filleau, *Dict. des fam. du Poitou*, nouv. édit., I, 317.
4. Chartr. du Fontenioux, trres, le Vergier.

Il procède, le 7 septembre 1582 [1], avec ses sœurs, au partage des successions de ses père et mère. Cette dernière, devenue veuve, avait épousé, en secondes noces, François de la Porte, écuyer.

En 1581, il épousa Catherine de la Voyrie « de la « maison du Buignon » qui portait : « *Troys crouzilles* « *(croisettes) d'argent au champ de gueulle* [2]. »

Au ban, de 1467 [3], Louis de la Voierie figurait comme brigandinier.

En 1601 [4], René de la Court rend hommage, par procuration pour « son lieu, maison noble et place forte « du Fontenioux »; il était mort en 1602 [5].

Dont :

1. Toussaint, qui suit.

2. René, écuyer, s^r de la Chambaudière, chef de la branche de la Chambaudière.

3. Ozanne.

IX. COURT (Toussaint de la), écuyer, seigneur du Fontenioux.

---

1. *Maintenue de noblesse.*
2. Chartrier du Fontenioux, *Noms des Seigneurs et Dames du Fontenioux.*
3. De Savezay, Ban. de la noblesse, 51.
4. Chartrier du Fontenioux, terre, Fontenioux (le).
5. *Ibidem*, famille, Court (de la), et Poitiers Arch. dép., E^n 630.

Il épousa, le 4 janvier 1599 [1], Catherine de la Coussaye, dont la famille appartient à l'Echevinage de Poitiers auquel elle a donné un maire et des magistrats au présidial de cette ville.

Elle portait « *un lion... et trois estoilles en champ* [2] », définition que complète ainsi l'armorial des maires : « *De gueules à un lion d'or, et un chef d'argent chargé de trois étoiles d'azur* [3]. » Toussaint de la Court, mourut en 1602 [4].

Dont :

1. Toussaint.

2. René, qui suit.

3. Ozanne.

X. COURT (René de la), écuyer, seigneur du Fontenioux.

Le 23 août 1610 [5], il partagea avec ses frères et sœurs les biens de son père.

Il épousa, le 19 janvier 1620 [6], Claude Collardeau, « fille de M. Collardeau, procureur du roy à Fontenay » qui portait « *un soleil* ».

---

1. Chartrier du Fontenioux, familles, Court (de la).
2. *Ibidem*, *Noms des Seigneurs et Dames du Fontenioux*.
3. Poitiers, Bibl. de la Ville, mss. Bourbeau, 300.
4. Chartrier du Fontenioux, familles, Court (de la), inventaire.
5. Poitiers, Arch. dép., Eⁿ 630.
6. *Maintenue de noblesse* et *Noms des Seigneurs et Dames du Fontenioux*.

Avant d'être procureur du roy, Julien Colardeau, auquel Fontenay-le-Comte est fier d'avoir donné naissance, résida d'abord à Paris où il fut reçu avocat au Parlement. Il avait épousé Jacquette Dessayvre ; est auteur d'un ouvrage de droit dont du Radier a fait un juste éloge.

Le 15 juin 1626[1], il reçut, à cause de sa seigneurie du Fontenioux, d'autre René de la Court, écuyer, seigneur de la Chambaudière, son cousin, aveu pour la terre de la Vergne, paroisse de Vernou.

En 1667[2], étant veuve, Claude Colardeau obtint, de Barentin, pour elle et ses enfants une maintenue de noblesse ; décédé en 1676[3].

Dont :

1. René, qui suit.

2. Toussaint, écuyer, seigneur de Saint-Louis ; entra dans les Ordres, 1673[4].

3. Jeanne, mariée le 4 septembre 1647[5], à Charles Viault, seigneur de Lescorcière.

4. Claude, mariée le 2 décembre 1655[6], à Jacques de Couhé (Coué), écuyer, seigneur du Pasliron ; testa en 1669[7].

---

1. Poitiers, Arch. dép., Eⁿ 630.
2. *Maintenue de noblesse*, de Barentin.
3. Chartrier du Fontenioux, familles, d. Collardeau.
4. Chartrier du Fontenioux, familles, d. Court (de la).
5. *Ibidem*. Familles d. Viault.
6. *Ibidem*. Familles d. Couhé (de).
7. Chartrier du Fontenioux, Court (de la).

Ici, il importe de rappeler que le dictionnaire de B. Filleau, t. ii, p. 673, donne François de la Cour, marié, comme on l'a vu p. 59, à Catherine Poignand, comme fils de René de la Court, écuyer, seigneur du Fontenioux, et de Claude Collardeau alors que l'état civil le dit fils de François de la Cour et de Jeanne Catillon, paroissiens de St-Hilaire de la Celle de Poitiers [1].

C'est une erreur regrettable.

XI. COURT (René de la), écuyer, seigneur du Fontenioux.

Le 14 février 1651 [2], il épousa Marie, fille de feu Bonaventure Maynard, écuyer, seigneur de la Savarière et de Catherine Chambret, demeurant au lieu noble de la Crespelle, paroisse de Cerizay.

Par testament du 11 août 1626 [3], Bonaventure Mesnard demande que « son corps soit ensevely en l'église « de Saint-Hilaire de Claissé (Clessé), tombeau de def-« funct Barthelemy et Pierre Mesnard, ses père et grand-« père... ordonne célébrer une messe par semaine en la « chapelle de la Crespelle ».

Les Maynard-Mesnard, d'une famille de vieille chevalerie de Mayenne, ont produit, en 1310 [4], Jean Maynard

---

1. Parthenay, Etat civil ancien, Saint-Laurent.
2. Chartrier du Fontenioux, familles, Court (de la).
3. *Ibidem*, Familles d. Maynard-Mesnard.
4. B. Filleau, *Dict. des Fam. du Poitou*, ancien, II, 382

chevalier, seigneur de la Maurière, créé par Edouard II d'Angleterre, gouverneur de Talmond.

Marie Mesnard « de la maison du Petit « *Puy près Bressuire*[1] », portait: « *d'argent à la hure de sanglier arrachée de sable*[2] ».

René de la Court vendit, le 2 juillet 1666[3], des rentes sur la Salmondière, paroisse de Vernou.

Par un accord, sous seing privé, du 18 juin 1673[4], René, moyennant une rente annuelle de 100 livres à ses frère et sœurs Toussaint, Jeanne et Claude de la Court, désintéresse ces derniers de la maison de Fontenioux qui lui reste entièrement.

Il était mort en 1681[5].

Dont:

1. Jacques, qui suit.

2. Pierre, chevalier, seigneur de la Guibretière, 1683[6].

3. Marie, mariée, le 3 novembre 1674[7], à Jean de Bezannes, écuyer, seigneur de la Verrie.

XII. COURT (JACQUES DE LA), chevalier, seigneur du Fontenioux.

Il épousa, le 16 février 1693[8], Marie-Anne-Berthé « de

---

1. 2. *Noms des Seigneurs et Dames du Fontenioux.*
3. Chartr. du Fontenioux, terres, Salmondière (la).
4. 5. 6. 7. 8. Chartrier du Fontenioux, familles, Court (de la).

la maison de Laudraire prez Pouzauges », elle portait : « *d'argent à trois merlettes de sable*[1] ».

Fille de feu François Berthé, écuyer, seigneur de la Poissonnière et de Renée Sapinault[2].

Dont :

1. François, qui suit.

2. Louis-Jacques, baptisé le 26 août 1688[3] ; maintenu dans sa noblesse le 22 avril 1699[4] ; mort sans postérité.

XIII. COURT (François de la), chevalier, seigneur du Fontenioux. Baptisé le 27 juin 1687[5] ; maintenu dans sa noblesse le 22 avril 1699[6] ; marié le 18 janvier 1712[7], à Catherine de la Porte de Vezins[8], fille de feu François de la Porte, chevalier, seigneur de Villeneuve, et de Marie Chappron, avec l'avis de cette dernière, de Paul René de la Porte, chevalier, seigneur de la Bonnière, de Joseph de la Porte, chevalier seigneur de la Rembourgère, frère de l'épouse et autres.

Marie-Anne de Berthé, mère de François de la Court, qui s'était mariée, en secondes noces, à Alexandre de Codié, écuyer, ne figure pas au contrat de son fils[9].

---

1. 7. 8. 9. Chartrier du Fontenioux, familles, Court (de la).
2. *Ibidem*, *Noms des Seigneurs et Dames du Fontenioux*.
3. Saint-Mesmin, Etat civil ancien.
4. *Maintenue* de M. de Maupeou.
5. Saint-Mesmin (Vendée), Etat civil ancien.
6. *Noms des Seigneurs et Dames du Fontenioux*

La maison de la Porte-Vezin, comme on l'a déjà vu, était d'une noblesse antique et féodale.

François de la Court, ainsi que Catherine de la Porte, étaient mort en 1723[1].

Dont :

1. François, écuyer, seigneur du Fontenioux; mort jeune, sans postérité.

2. Catherine, mariée, le 22 mai 1742[2], à Joseph de la Porte de la Rembourgère, chevalier ; décédée le 13 mars 1765[3], inhumée dans l'église Saint-Laurent de Parthenay.

3. Jeanne-Françoise, qui suit.

4. Anne-Geneviève, mariée à Michel de Malaunay, chevalier, seigneur de Boisbaudran[4].

XIV. COURT DU FONTENIOUX (JEANNE-FRANÇOISE DE LA), mariée le 25 novembre 1749[5] à Jean-Jacques Poignand, écuyer, seigneur de la Salinière, conseiller du roi, gentilhomme de sa fauconnerie ; morte âgée de 90 ans, le 8 décembre 1813[6].

Dont :

1. Jean Baptiste, écuyer, s^{gr} de la Salinière, gen-

---

1. Chartrier du Fontenioux, familles, Court (de la).
2. 4. Chartrier du Fontenioux, notes.
3. 5. Parthenay, Etat civil ancien, Saint-Laurent.
6. Notes de la famille.

darme de la garde du roi [1], 1751-1784 [2], auteur de la branche aînée, dite de la Salinière, dont M. Conrad de la Salinière est, de nos jours, le chef.

2. Charles Michel, écuyer, s^{gr} du Magny, gendarme de la Garde ordinaire du roi, officier de Dragons, né en 1752 [3], mort sans postérité.

3. René Paul, qui suit.

XV. POIGNAND DU FONTENIOUX (René-Paul), 1754 [4], an III [5], lieutenant au régiment de Montmorency, gendarme du Roi.

Sur le désir formel de sa mère, seule des trois filles de François de la Court du Fontenioux qui ait laissé postérité, René-Paul releva le nom du Fontenioux qu'il a perpétué jusqu'à nos jours.

Agé de treize ans, le 8 janvier 1767 [6], il assista aux funérailles de son aïeul paternel, et il est porté au registre : « Messire Paul du Fontenioux », nom sous lequel sa descendance n'a cessé légalement et uniformément d'être désigné.

Dont :

Thomas Paulin, qui suit.

XVI. POIGNAND DU FONTENIOUX (Thomas-

---

1. 2. 3. 4. 6. Parthenay, Etat civil ancien, St-Laurent.
5. Azay-sur-Thouet, Etat civil.

Paulin), 1787[1] — 1875[2], marié le 9 novembre 1809[3] à Marie Nyvard de Courgé.

Dont :

1. Alexandre Gustave, qui suit.

2. Benjamin Alfred, né le 16 décembre 1817[4], avocat, marié le 6 août 1851[5] à Mathilde Riou demeurant à Poitiers, en son hôtel, rue des Trois-Piliers.

Dont :

1. Alfred, avocat à la cour de Poitiers, né le 29 juin 1852[6], marié le 21 décembre 1887[7], à Joséphine Floucaud de Fourcroy.

Dont :

a. *Thérèse*, née le 25 octobre 1888[8];

b. *François*, né le 4 janvier 1890[9] ;
c. *Joseph*, né le 24 septembre 1893[10].

2. Elizabeth-Radégonde-*Marie*, née le 6 janvier 1870[11]; mariée le 20 mai 1896, à *Pierre-*

---

1. Parthenay, Etat civil ancien, St-Laurent.
2. 4. 5. 6. 8. Poitiers, Etat civil.
3. Lusignan, Etat civil.
7. Paris, Etat civil.
9. 10. 11. Poitiers, Etat civil.

Antoine de Sablon du Corail, lieutenant au 33ᵉ d'artillerie.

XVII. POIGNAND DU FONTENIOUX (Alexandre-Gustave), né le 18 janvier 1813 [1] ; marié à Léontine Riou, 24 novembre 1845 [2] habite le château des Cottets, commune de Saint-Pierre-de-Maillé, Vienne.

Dont :

Marie-Claude-Thomas-*Raoul*, né le 15 octobre 1846 [3], marié le 3 juillet 1877 [4], à *Elizabeth*-Marie-Berthe-Nélia de Guillaume de Rochebrune ; résidants au château des Cottets.

Dont :

a. Henry, avocat, docteur en droit, né au château des Cottets, le 29 avril 1878 [5].

b. Alix, née au château des Cottets le 16 octobre 1881 [6], mariée le 24 octobre 1900 à Benjamin, baron de Maynard-Mesnard.

c. Raoul, née au château des Cottets, le 24 octobre 1894 [7].

---

1. Poitiers, Etat civil.
2. Chauvigny, Etat civil.
3. Poitiers, Etat civil.
4. Fontenay-le-Comte, Etat civil.
5. 6. 7. Saint-Pierre-de-Maillé, Etat civil.

LETTRES PATENTES

du 8 mai 1471

———

Geuffroy de Chabannes seigneur de Charluz ch^{lr} chambellan du Roy nostre sire et lieutenant de monseigneur le duc de bourbonnois et dauvergne gouverneur de languedoc, Pierre de Refuge général des finances du Roy nostre dict sire, Pierre *poignant* et adam fumee maistres des Requestes ordinaires de lostel dudict seigneur Jehan de la loere tresorier et Receveur general de languedoc, Guillaume Lauvergnat controlleur de la Recepte generale dud. pays et Jaques Trotet clerc des comptes conseilliers dycelluy, s^{gr} et commissaires par luy ordonnez en ceste partie. A Me Guillaume Lauvergnat conterolleur de la d. recepte general du Languedoc et Jehan de Saincte Camelle, escuier. Au Juge d'Albigoys et consulz d'Alby et ung de cordes Gailhac ou Rabasteinx Salut.

Comme le Roy nostre dit s^{gr} tant par ses lettres patentes que de bouche nous ait ordonne et mande nous transporter en la Ville de Montpellier ou il a mande assembler les gens des troys estatz de son dict pays de languedoc au dixiesme jour de ce present moys de may pour leur dire et Remonstrer comme led. seigneur pour resister à plusieurs grandes entreprinses que le

LETTRES PATENTES

du 8 mai 1471

Geuffroy de Chabannes seigneur de Charluz ch[lr] chambellan du Roy nostre sire et lieutenant de monseigneur le duc de bourbonnois et dauvergne gouverneur de languedoc, Pierre de Refuge général des finances du Roy nostre dict sire, Pierre *poignant* et adam fumee maistres des Requestes ordinaires de lostel dudict seigneur Jehan de la loere tresorier et Receveur general de languedoc, Guillaume Lauvergnat contrerolleur de la Recepte generale dud. pays et Jaques Trotet clerc des comptes conseilliers dycelluy, s[gr] et commissaires par luy ordonnez en ceste partie. A M[e] Guillaume Lauvergnat conterolleur de la d. recepte general du Languedoc et Jehan de Saincte Camelle, escuier. Au Juge d'Albigoys et consulz d'Alby et ung de cordes Gailhac ou Rabasteinx Salut.

Comme le Roy nostre dit s[gr] tant par ses lettres patentes que de bouche nous ait ordonne et mande nous transporter en la Ville de Montpellier ou il a mande assembler les gens des troys estatz de son dict pays de languedoc au dixiesme jour de ce present moys de may pour leur dire et Remonstrer comme led. seigneur pour resister à plusieurs grandes entreprinses que le duc de bourgoigne et aucuns autres, ses amiz et aliez se sont efforcez de faire contre luy et son auctorité et mageste Royale en faisant guerre ouverte à l'encontre de luy et de ses subjectz tendant a le destruyre et *deffaire la maison de France* ait pieca par grant et meure deliberation de plusieurs seigneurs de son sang et gens de son grant conseil conclud obvier aux d. entreprinses par puissance et main armée. Et pour ce faire fait mectre sus plusieurs grosses armees en diverses contrees de son Royaume non seulement des gens de son ordonnance, mais aussi des nobles de son arrière ban et des francs archiers en grant nombre deliberer, ny espargnier sa personne et biens pour la conduicte et entretenement desquelles armees, jusques a present. Il a desja employé la plupart de ses finances de ceste presente annee et à ceste cause ait icelluy Seigneur par ladvis et deliberation que dessus conclud et ordonne faire mectre sus et partout son d. Royaume, certaine grande somme de deniers en par maniere de Creue avec et oultre laide mis sus et ayant a present cours pour la porcion dela quelle creue le d. pays de languedoc ait este tauxe et impose a la somme de soixante sept mille cent livres tournois et que de moindre somme n'est possible aud. s^{gr} se passer considerez ses d. affaires. Et ce fait Requerir les d. des troys Estatz lui octroyer la d. somme de LXVII^m c. l. t. Lesquelles choses par nous Remonstrees aus d. gens des troys estatz. Et apres ce que les avons Requis octroyer au Roy nostre d. s^{gr} lad. creue et somme de LXVII^m c. l. pour aidier a fournir a ses d. affaires de ceste d. presente anne yceulx gens des troys estatz voulans touiours monstrer le grant desir et

affection quilz ont de obeir et secourir au dict sgr lui ont
liberalement octroye et accorde lad. creue et somme de
LXVII^m, c. l. t. et ycelle somme payee avec les deniers
des deux dereniers termes de layde de cxxi^m l. t. dernier octroye a Besiers par égal portion. Et soit ainsi
que la ville et diocese d'Alby pour leur quote et portion dela d. creue aient este tauxez et imposez a la
somme de quatre mille sept cent iiii^{xx} v l. xviii sous.
Laquelle soit besoing mectre sus et imposer sur les
manans et habitans dud. diocese pour ce est il que nous
vous mandons et commectons par ces presentes et que
appellez ceux quien tel cas ont accoustume estre apellez.
Vous mectez sus et imposez la d. somme de iiii^{xx} v. l.
xviii sous quate deniers tournois avec les gaiges du receveur et quatre ou six livres tournois seulement pour tous
autres fraiz le plus justement et egalement le fort por-
tant le foible que faire se pourra en maniere que les d.
sommes viengnent eux nectement sans aucun non valoir
aux deux termes dessus dictz sur tute maniere de gens
contribuables et solvables en la maniere accoustumee
sansaucuns en exempter fors seulement gens deglise nobles vivant noblement suyvans les armes ou que par vieil-
lesse ou impotence ne les pevent plus suyvre les officiers
ordinaires et commencaulx du Roy de la Royne et de
monseigneur le Daulphin de Viennoys non marchan-
dans, vrays escolliers estudians et Residens en lestude
sans fraude et pauvres mendians et ycelles sommes
lever et recevoir par le receveur particulier du diocese
de laide octroye aud. lieu de Besiers ainsi que le sgr le
Veult et mande en luy baillant le double de lassieste que
faire en aurez. Signez de voz seings manuelz avec ces

presentes desquelles pourrez retenir le double se bon vous semble. Et que à payer les deniers dela d. creue ausd. deux termes iceulx escheuz le d. Receveur puisse contraindre ou faire contraindre tous ceulx dud. diocese qui y seront imposez tout ainsi qu'il est accoustumé de faire pour les propres debtes et affayres du Roy nostre d. s^{gr} nonobstant oppositions et appellacions quelconques par la d. somme de quatre mille sept cent quatre-vingt-cinq livres, 18 sous, 4 deniers tournois, et estre par le d. Receveur particulier bailler et délivrer à maistre Jehan delaloere tresorier et Receveur general de languedoc lun de nous a ce commis en prenant ses descharges et si departie a partie survient question debat ou opposition lesd. deniers premierement payez en soit cougneu par les ordonnaires pour sy faire partie oyes bon et brief droit mandons et en commandons à tous les justiciers et officiers subjectz du Roy nostre d. s^{gr} que a vous et aud. Receveur particulier dicelluy diocese voz amez commissaires et depputez en ce faisant obeissent et entendent diligemment prestent et donnent conseil confort aide et prisons se mestier est et Requis en sont

Donne soubz troys de noz signetz le v$_{III}$^{tme} jor de may Lan mil cccc soixante et unze.

(Signé) J. RICHIER.

En marge : Alby creue pôr le Roy quatre mille sept cent quatre vingt livres, 18 sous, 4 deniers tournois.

Cette pièce historique appartient à M. Conrad de la Salinière.

www.ingramcontent.com/pod-product-compliance
Lightning Source LLC
Chambersburg PA
CBHW070533100426
42743CB00010B/2073